Kritik

der

Principien des Entwurfs

einer

Deutschen Strafproceßordnung

vom Januar 1873.

Von

Dr. L. v. Bar,

o. ö. Professor an der Universität Breslau.

Berlin.

Verlag von J. Guttentag (D. Collin).

1873.

Nicht mit Unrecht hat man wohl den Zustand des Strafrechtes einen Spiegel der Cultur eines Volkes genannt. Vielleicht in noch höherem Grade kann dies von dem Strafproceßrechte gelten. Dieses ist zugleich, mehr oft als vieldeutige und unbestimmte, wenngleich volltönende Verfassungsbestimmungen, der praktisch wirksame Garant der Freiheit des Einzelnen. So verdient denn der Entwurf einer Strafproceßordnung für das Deutsche Reich die allgemeinste Aufmerksamkeit, und nicht nur der Juristen von Fach.

Der Verfasser hat geglaubt, in der vorliegenden kleinen Schrift einen Beitrag zur Kritik dieses Entwurfs in der Art liefern zu sollen, daß er wesentlich nur die Grundsätze dieses Werkes, diese aber in ihrer Gesammtwirkung und in ihrem Verhältniß zu einander möglichst scharf zu prüfen versuchte, um, wenn thunlich, auch den gebildeten Laien und insbesondere den Vertretern unseres Volkes, die nicht Juristen von Fach sind, ein Urtheil bilden zu helfen. Wie z. B. die tiefgehende Frage, ob es nicht an der Zeit sei, ein wirkliches zeitgemäßes Beweisrecht wieder zu bilden, die mehr technischen Fragen der Nichtigkeitsbeschwerde (Revision) und Wiederaufnahme der Untersuchung nicht erörtert sind, so sind auch redactionelle Bedenken und Einwendungen gegen untergeordnete Bestimmungen nur gelegentlich erhoben worden.

Man wolle daraus nicht schließen, daß der Verfasser mit der Redaction der Einzelbestimmungen durchweg oder meist einverstanden sich erkläre. Umgekehrt aber wolle man auch nicht das Urtheil, welches dem Verfasser aus gewissenhafter Prüfung über jene Principien und deren Durchführung sich ergeben hat, ohne Weiteres auf die ganze Arbeit und die vieles Gute enthaltenden Einzelbestimmungen übertragen, und wenn nach Ansicht des Verfassers dieser Kritik der Entwurf weit zurückbleibt hinter Demjenigen, was Verfasser von einem derartigen Entwurfe für das Deutsche Reich glaubte erwarten zu dürfen, was in manchen Beziehungen schon in mehreren deutschen Staaten in Wirksamkeit ist und was jetzt in einem großen zu uns in den nächsten Beziehungen stehenden Nachbarstaate gewährt wird, so steht der Verfasser doch nicht an, der sehr vollständigen, zuverlässigen und auch rückhaltlosen Mittheilung legislativen Materials, durch welche die Motive und deren Anlagen sich auszeichnen, als einer sehr wesentlichen Erleichterung der öffentlichen Kritik die aufrichtigste Anerkennung zu zollen.

Nicht in den Bereich der Erörterung gezogen ist die Frage des Geschworenen- **oder** Schöffengerichts. Die vorliegende Kritik soll nach Absicht des Verfassers passen, mögen Geschworene oder mögen Schöffen an der Justizpflege des neuen Deutschen Reichs Theil nehmen. Nur gelegentlich ist darauf aufmerksam gemacht worden, welche Bedeutung eine gesetzliche Bestimmung gerade bei einer Besetzung des Gerichts auch mit Schöffen haben könne.

Der Verfasser wird, wie er sogleich bemerkt, nur mit einem gewissen Widerstreben den Kampfplatz betreten, auf welchem gegenwärtig über Schöffen- oder Geschworenengerichte gestritten*) wird. Aber da er sich vor längerer Zeit (1865) nachdrücklich für die Geschworenen- und gegen die Schöffengerichte ausgesprochen hat, und einerseits aus dem Schweigen vielleicht auf Meinungsänderung geschlossen werden könnte, andererseits schon von einer „Panique unter den Anhängern des Geschworenengerichts“ gesprochen worden ist, so hofft er doch trotz mannigfacher nächster Berufsgeschäfte noch rechtzeitig einige bisher noch nicht oder doch noch nicht vollständig beachtete Argumente demnächst in einer besonderen Schrift vorführen zu können.**)

Breslau, April 1873.

---

*) Recht und Beweis im Geschwornengericht S. 56 ff.

**) Zu seinem Bedauern hat Verf. die ihm erst nach Absendung des Manuscripts zugegangene Schrift seines Collegen H. Meyer: „Die Mitwirkung der Parteien im Strafproceß, ein Beitrag zur Beurtheilung des Entwurfs einer Deutschen Strafproceßordnung“ nicht mehr benutzen können. Man wird aber bemerken, daß was die Nothwendigkeit einer besseren oder richtiger gesagt, wirklichen Durchführung des Anklageprincips betrifft, beide Kritiken in den Hauptpunkten übereinkommen.

Die Umgestaltung, welche vor nun bald einem Vierteljahrhundert in dem bei weitem größten Theile Deutschlands im Strafverfahren eintrat, wurde gleich anfangs zusammengefaßt unter der vielverheißenden Devise des Anklageprincips, der Mündlichkeit und Oeffentlichkeit und der freien Beweiswürdigung. Glaubte man nun auch zunächst, indem man wesentlich die Einrichtungen des französischen Strafprozesses copirte, diese Principien verwirklicht zu haben, so hat nachher doch praktische Erfahrung in Verbindung mit wissenschaftlicher Untersuchung überzeugend die hier obwaltende Täuschung — wenn man absieht von der fast schrankenlos freien, leicht ins Gefährliche übergehenden Beweiswürdigung — dargethan, und während man anfangs in naiver Unschuld von einem Anklageproceß mit inquisitorischem Princip redete, stellt das Handbuch des deutschen Strafprocesses von Zachariae Bd. II. (1868) S. 76 der Hauptverhandlung nach den gegenwärtigen Strafproceßgesetzen Deutschlands das unserer Ansicht nach classische Zeugniß aus, daß sie ein reiner Untersuchungsproceß mit „accusatorischem Beiwerk" sei, wobei denn die einzelnen Gesetzgebungen „in sich selbst nichts weniger als consequent sind und zum Theil den Eindruck machen, als habe man Bestandtheile eines accusatorischen und inquisitorischen Verfahrens in einen Topf geworfen, und den Zufall der Loosziehung über ihre Aufnahme entscheiden lassen."

Schwere Einwendungen lassen sich aber auch erheben gegen die vielfach in den dermaligen deutschen Strafproceßgesetzen vorkommenden Verletzungen des Mündlichkeitsprincips.

Für eine Kritik des Entwurfs einer deutschen Strafproceßordnung kommen daher wesentlich diese beiden Punkte, die richtige und consequente Durchführung der Principien der Anklage und der Mündlichkeit, in Betracht. Dazu kommt aber außerdem die besondere und oft erörterte Frage des s. g. Anklagemonopols der Staatsanwaltschaft, und als letzte Frage die in dem Entwurfe proponirte, von Vielen auch lebhaft empfohlene Aufhebung der Berufungsinstanz. Daran dürfte endlich noch eine Erwägung einzelner besonders wichtiger Bestimmungen zweckmäßig sich anreihen.

Wir beginnen mit der Erörterung des ausschließlichen Anklagerechts der Staatsanwaltschaft, gleichsam einer Vorfrage für die Durchführung des Anklageprincips.

I.

Der Entwurf hält im Wesentlichen durchaus fest an dem Monopol der Staatsanwaltschaft bei Erhebung der öffentlichen Klage.

Zwar handelt das fünfte Buch in 55 Paragraphen und vier Abschnitten von der Betheiligung des Verletzten am Strafverfahren. Aber diese umfangreichen Bestimmungen sind praktisch höchst unbedeutend und zum Theil selbst in dem Falle für schädlich zu erachten, daß man etwa das Festhalten am Monopol der Staatsanwaltschaft für richtig hält. Ein von der Staatsanwaltschaft unabhängiges Auftreten einer Privatperson als Verfolger einer strafbaren Handlung ist nämlich nach § 282 (vgl. § 305) als subsidiäre Privatklage nur zulässig bei Delicten, deren Verfolgung nur auf Antrag eintreten, oder bei denen der Strafrichter auf eine an den Verletzten zu erlegende Buße erkennen kann. Nach dem Strafgesetzbuche ist letzteres nur zulässig in Fällen der Beleidigung und Körperverletzung; möglicher Weise könnten in Particulargesetzen noch andere Fälle vorkommen; viele werden es schwerlich sein. Da nun Beleidigungen lediglich auf Antrag strafbar sind, Körperverletzungen aber oft nur auf Antrag, so sind es im Wesentlichen doch nur die s. g. Antragsdelicte, bei denen das Gesetz subsidiäre Privatklage freigeben will.

Ein besonderes Bedürfniß mag hier nun zwar bei Beleidigungen und Körperverletzungen anzuerkennen sein, nicht sowohl im Interesse des Verletzten, als deshalb, weil gerade in diesen Fällen leicht grundlose Denunciationen vorkommen, und dieser die Staatsanwaltschaft, ohne die Staatskasse mit Kosten zu belasten, am besten ledig werden kann, wenn sie den angeblich Verletzten auf den Weg der Privatklage zu verweisen berechtigt ist. Bei Beleidigungen und leichteren Fällen der Körperverletzungen läßt sich als innerer Grund für diese Maßregel der Zweckmäßigkeit auch geltend machen, daß das Interesse der staatlichen

Ordnung hier nur mehr mittelbar in Frage kommt. Diese letztere Auffassung aber ist bei einer großen Anzahl solcher Delicte, die nur auf Antrag verfolgt werden, ohne Zweifel falsch. Wir erinnern hier z. B. an Unzuchtsverbrechen, Hausdiebstähle. Bei manchen dieser Delicte erklärt sich das Erforderniß vielmehr umgekehrt aus einer Rücksichtnahme der Gesetzgebung auf das hier oft vorhandene Interesse des Verletzten, die Kundbarmachung der Sache zu hindern, wie dies insbesondere von Hälschner (Goltdammer, Archiv für Strafrecht 19, S. 366 ff.) ausgeführt worden ist, während der Staat gerade hier — und wir dürfen nur erinnern an den zur Zeit oft betriebenen schmählichen Handel um Zurücknahme des Strafantrags und an die bekannten Bemühungen oberster Gerichtshöfe, in eclatanten hierher gehörigen Fällen, eine Bestrafung von Amts wegen zu rechtfertigen — ein Interesse an der Verfolgung hat. Diesem letzteren wirkt aber die Zulassung der subsidiären Privatklage entgegen. In zweifelhaften Fällen wird der Staatsanwalt alle Mal auf diese letztere verweisen. Dadurch wird die Position des Verletzten verschlechtert, der Verbrecher bezüglich seines Handels über den Strafantrag günstiger gestellt. Der Idee aber, daß doch die Strafverfolgung nicht ganz in das Ermessen einer Administrativbehörde — denn das ist juristisch auch die Staatsanwaltschaft — gelegt werden solle, wird durch Zulassung der Privatklage gerade in diesen Fällen nicht im Mindesten Genüge gethan.

Bekanntlich hat nun bereits der zweite deutsche Juristentag für die allgemeine Zulassung einer subsidiären Privatklage sich ausgesprochen und ein darauf bezüglicher von einer Commission des preußischen Abgeordnetenhauses im Jahre 1862 ausgearbeiteter Entwurf ist in den Anlagen des gegenwärtigen Entwurfs der Strafproceßordnung mitgetheilt. Nach der französisch-rheinischen Proceßordnung kann bekanntlich der Verletzte eine Geldentschädigung gegen den Straffälligen in nicht schwurgerichtlichen Fällen ohne Weiteres vor dem Strafgerichte geltend machen und damit zugleich eine Bestrafung des Schuldigen herbeiführen, und äußersten Falles kann die Anklagekammer dem Staatsanwalt die Erhebung der öffentlichen Anklage befehlen. In Thüringen besteht schon längere Zeit subsidiäre Privatanklage. Der bayerische Entwurf wollte sie gewähren und der jetzt bereits von den österreichischen Kammern genehmigte Entwurf einer Strafproceßordnung gewährt sie im weitesten Umfange. In England gilt das Recht der Privatanklage — nicht bloß für den speciell Verletzten — als unumstößliches Recht des Engländers, das man auch bei Einführung einer der continentalen Staatsanwaltschaft etwa nachzubildenden Einrichtung, wie die Anlagen des Entwurfs selbst uns mittheilen, keinenfalls aufheben will.

Dem Allem gegenüber — und vielleicht wäre noch Anderes nachzutragen — beschränken sich die Gründe des Entwurfs (S. 171 der Anlagen der Motive), der wie bemerkt im Wesentlichen — denn die Privatanklage bedeutet bei den Antragsdelicten wenig — nicht ein Haarbreit von dem Monopol der Staatsanwaltschaft missen will, auf folgende Sätze:

„Die Auffassung des älteren Rechts, daß der durch eine strafbare Handlung Verletzte sich selbst für die ihm zugefügte Verletzung Genugthuung zu verschaffen und zu dem Ende als Privatkläger aufzutreten habe, verschwand immer mehr, je mehr der aus einem geläuterten Staatsbewußtsein hervorgehende Gedanke zur Geltung gelangte, daß jede Verletzung des Strafgesetzes nicht blos einen Angriff auf den Einzelnen enthalte, vielmehr zugleich einen Angriff auf das Staatswesen als solches in sich schließe, und daß deshalb die Staatsgewalt unabhängig davon, ob sie vom Verletzten zur Bestrafung angerufen werde oder nicht, verpflichtet sei, dem verletzten Gesetze durch Verfolgung des Uebelthäters Genugthuung zu verschaffen.

„Dieser Auffassung entsprechend entwöhnte sich der Einzelne allmählig, die Mühewaltung und Verantwortlichkeit eines Anklägers zu übernehmen, überließ vielmehr die Aufgabe willig dem Staate, welcher auf diesem Wege der alleinige und ausschließliche Ankläger wurde.

„So verschwand im Laufe der Zeit die Privatklage zunächst thatsächlich aus der Rechtsübung und dem entsprechend allmählig auch aus der Gesetzgebung, bis diese sie endlich als ein müßiges Beiwerk des Strafprocesses völlig vollends beseitigte.“ —

In diesen Sätzen ist Wahres und Unrichtiges in einer eigenthümlichen Weise gemischt und aus dieser Mischung dann wie natürlich ein falscher Schluß gezogen.

Es ist richtig, daß im Laufe der geschichtlichen Entwickelung Privat- und Strafrecht erst nach und nach sich trennen. Eine große Menge von Verletzungen, die in einer Periode als rein private erscheinen, nehmen in einer anderen den Charakter auch das Gemeinwesen direct interessirender an. Man kann das in gewissem Umfange als eine Folge eines geläuterten Rechts- oder Staatsbewußtsein auffassen. Es ist aber ganz falsch, daß nun bei dem strafbaren Unrechte nur der Verletzte, gleichsam als handelte es sich doch im Grunde nur um ein Privatrecht, zur Anklage im Strafverfahren berechtigt gewesen wäre. Vielmehr konnte nun — so zeigt es wenigstens die Geschichte des deutschen und des römischen Rechts — Jeder das öffentliche Interesse geltend machen, weil das öffentliche Interesse als das Interesse zugleich des einzelnen Bürgers oder Gemeindegenossen galt (nur daß faktisch bei manchem Verbrechen der auch in seinem Rechte oder im Rechte seines Familiengenossen Verletzte vorzugsweis als Ankläger auftrat). Wenn dem gegenüber nach dem vollständigen Siege des Inquisitionsprocesses und der vollständigen Ertödtung alles öffentlichen Lebens das Verbrechen als ein Gegenstand nur des Interesses der Polizei und der Obrigkeit aufgefaßt wurde, so ist das gewiß nicht Folge eines geläuterten, sondern eines gesunkenen Staatsbewußtseins, und damit stimmt auch genau überein, daß diese Anschauung gerade zur Zeit des Verfalles und Zerfalles der deutschen Nation als solcher aufkam. Deutsches Rechtsbewußtsein, ist es gewiß nicht, auf welches ursprünglich der Gedanke zurückgeführt werden müßte, daß bei der Verfolgung des Verbrechers in respectvoller Resignation lediglich die Maßnahme der Obrigkeit abzuwarten sei.

Fällt hiernach unseres Erachtens die philosophisch-historische Deduction der Motive in sich zusammen, so sind nun ebenso die Gründe, welche die Motive in praktischer Hinsicht gegen die subsidiäre Privatanklage geltend machen, hinfällig. Hauptsächlich scheint man sich darauf berufen zu wollen, daß da, wo bisher in Deutschland die subsidiäre Privatanklage gegolten habe, dieselbe praktisch bedeutungslos gewesen sei. Der seltene Gebrauch eines Rechtsinstituts beweist aber keineswegs dessen Werthlosigkeit — oder man würde aus der geringen Zahl verbrecherischer Tödtungen auch die Nutzlosigkeit der Strafgesetze dagegen deduciren können. Wir sind vielmehr mit v. Holtzendorff (die Reform der Staatsanwaltschaft S. 29) der Ansicht, gerade weil die Möglichkeit einer subsidiären Privatanklage die Staatsanwaltschaft zwingt, jeder begründeten Denunciation Folge zu geben, oder was wir für noch wichtiger halten, ohne Ansehen der Person oder der Interessen von selbst einzuschreiten, macht die segensreiche Wirksamkeit des genannten Instituts sich äußerlich oft wenig bemerkbar. Außerdem aber kann aus dem im Ganzen friedlichen Stillleben einiger kleinerer deutschen Staaten noch kein Schluß gezogen werden auf die Bedürfnisse Preußens, des Deutschen Reichs im Ganzen.

Die subsidiäre Privatanklage erscheint uns vielmehr — und hierin können wir uns im Wesentlichen nur den früheren Ausführungen v. Holtzendorff's anschließen — als ein unerläßliches Bedürfniß jedes Staates, der auf den Namen Rechtsstaat Anspruch machen, nicht mehr Polizeistaat genannt sein will.

Gerade bei Erhebung der öffentlichen Klage fühlt die Staatsanwaltschaft in eminenter Weise ihre Parteistellung; denn späterhin im Laufe nehmen ihr die gegenwärtigen Gesetze und ebenso auch der Entwurf fast jede Verfügung über die Anklage. Gerade bei Erhebung der öffentlichen Klage erwägt daher die Staatsanwaltschaft ganz natürlich die Chancen des Erfolgs mit scrupulöser Sorgfalt, und Niemand kann sie des Unrechts zeihen, wenn sie in Fällen, wo ihr das öffentliche Interesse besonders betheiligt erscheint, weniger scrupulös verfährt, als in anderen, wo das öffentliche Interesse mehr zurückzutreten scheint. Hier ist es nur nöthig, das öffentliche Interesse mit dem wirklichen oder auch nur vermeintlichen Interesse der jeweiligen Inhaber der leitenden Regierungsstellen oder der herrschenden Parteiströmung zu verwechseln — und diese theoretisch so leicht scheidbaren Dinge sind es praktisch doch so schwer — um eine strenge Strafverfolgung gegen Gegner, eine laxe gegen Anhänger der Regierung zu bewirken, eine Art Abolition, die um so gefährlicher wirkt, je weniger irgend Jemand dafür verantwortlich gemacht werden kann; die gleichsam in der Luft liegt, weil sie einer in den oberen Regionen herrschenden Strömung zu entsprechen scheint. Wäre das Alles aber auch thatsächlich nicht so, so würde der Glaube des Publikums an eine derartige Handhabung des Anklagerechts fast ebenso nachtheilig wirken wie die Thatsache selbst.

Eine ganz wesentliche Bedeutung der Privatanklage erblicken wir auch darin, daß sie gegen strafbare Handlungen der Beamten den wirksamsten Rechtsschutz gewährt. Abgesehen von der Redefreiheit der Abgeordneten, der es aber auch einmal an einem praktischen Resultate fehlen kann, ist hier der einzige vom Ermessen der Administration in den meisten deutschen Staaten durchaus unabhängige Weg der, daß Jemand eine Verläumdungsklage über sich ergehen läßt, um dann mit der Einrede der Wahrheit gegen den Beamten aufzutreten, und wenn man sich zuweilen über die schrankenlose Redefreiheit der Abgeordneten beschwert, so vergißt man, daß der letztgenannte Ausweg denn doch gerade kein angenehmer ist. Ohne Zweifel würde die Möglichkeit einer Privatanklage ein sehr gutes Correktiv gegen Zügellosigkeiten der Redefreiheit des Volksvertreters bilden. Wo jene den Umständen nach leicht durchführbar wäre, würde ein Abgeordneter sich scheuen, mit einer öffentlichen Denunciation hinter dem Privilegium der Redefreiheit sich zu verschanzen. Zur vollen Wirksamkeit der Privatanklage in solchen Fällen gehört freilich auch die Aufhebung des schon so oft angegriffenen und theoretisch ganz unhaltbaren preußischen Gesetzes vom 13. Febr. 1854 betreffend die Conflicte bei gerichtlichen Verfolgungen wegen Amts- und Diensthandlungen. Es kann hier nicht einmal von einem wirklichen Competenzconflicte die Rede sein; denn die Frage, ob Jemand auf Grund eines allgemeinen Strafgesetzes strafbar sei, muß alle Mal Justizsache sein, und der preußische Gerichtshof für Entscheidungen über Competenzconflicte hat sich selbst schon energisch gegen dieses Gesetz ausgesprochen, das nur als eine klare, lediglich auf französischen Ideen beruhende Beeinträchtigung der Justiz [1]) angesehen werden kann. Wir wissen nun nicht, ob der Bundesrath, speziell die preußische Regierung geneigt sein wird, in dem Gerichtsorganisationsgesetze die ganze Einrichtung der sog. Competenzconflicte [2]) fallen zu lassen, oder ob der Reichstag sich bewogen finden wird, in dieser Richtung vorzugehen. Wenn aber gegen die vollständige Beseitigung der sog. Competenzconflicte zur Zeit Bedenken erhoben werden könnten, so existiren dieselben doch u. E. gar nicht da, wo es sich nur um Erledigung einer Strafsache auf Grund des gemeinen Strafgesetzes handelt, und so würde sich denn für die deutsche Strafproceßordnung der Satz empfehlen:

> „Die Erhebung von Competenzconflicten ist der Erhebung und Durchführung der öffentlichen Klage gegenüber ausgeschlossen."

An der Competenz der Reichsgesetzgebung ist hier nicht zu zweifeln — oder sollte sie, während doch das frühere, so oft wegen seiner Schwäche verspottete deutsche Reich zweifellos die Befugniß hatte und übte, willkürliche Beschränkungen der Justiz in den Territorien zu beseitigen, nur die Fragen der Technik der Rechtssprechung als Reichssache behandeln sollen, und nicht vor Allem darauf zu sehen haben, daß im ganzen Reiche überhaupt gleichmäßig Recht zu bekommen sei?

Wenn aber diesen Vortheilen der Möglichkeit der Privatklage gegenüber auf die Gefahren hingewiesen wird, welche dieses Institut, wie nicht zu leugnen im römischen Strafprocesse mit sich führte, so kann die Existenz dieser Nachtheile doch nur für den Fall zugestanden

---

[1]) Vgl. über alles Dieses v. Rönne, Staatsr. d. preuß. Monarchie. 3. Aufl. II, 1. S. 507 ff.

[2]) Die richtige Methode, Administrativbeamte gegen vexatorische Klagen zu schützen, ist nicht Beschränkung der Competenz der Justiz, sondern Ausschließung der Klage, wenn nicht mala fides oder bezw. grobe Fahrlässigkeit vorliegt. So ist es auch in England.

werden, daß eben eine öffentliche Behörde, welche von Amts wegen auf die Durchführung der Anklage zu achten und in jedem Falle das Interventionsrecht hat, nicht existirt. Damit wird insbesondere auch das Bedenken Zachariae's (Handbuch II, S. 41) beseitigt, daß man consequenter Weise das Nacheinanderauftreten verschiedener Privatankläger, wie im römischen Rechte auch, gestatten müsse. Besteht eine nur etwas vertrauenswürdige öffentliche Anklagebehörde, und hat diese das Interventionsrecht, so muß die Anklage des Privatanklägers die öffentliche Klage ebenso consumiren, wie die des Staatsanwalts. Zugleich aber liegt auf der Hand, daß Drohungen mit Denunciationen weit eher zu Erpressungen benutzt werden können, als Drohungen mit Anklagen, wenn nur in allen irgend erheblichen Fällen, z. B. in allen Fällen, in denen über 10 Thlr. Geldbuße erkannt werden kann, die Erhebung der Privatanklage an einen Gerichtsbeschluß und an vorgängige Ablehnung der Sache seitens der Staatsanwaltschaft gebunden ist, wogegen freilich nicht zu verlangen ist, daß der Privatankläger erst etwa alle Instanzen der Staatsanwaltschaft erschöpfe.

Wir sind sodann der Meinung — und zwar in Uebereinstimmug mit v. Holtzendorff und dem deutlichen Ausspruche des deutschen Juristentags — daß die Privatanklage keineswegs zu beschränken sei auf den Fall eines Geldinteresses an der Schuldigsprechung. Im Gegentheil halten wir diese Klagen für weniger schutzbedürftig als die z. B., bei denen Beeinträchtigung oder Verletzung politischer Rechte in Frage steht, Bestechung bei Wahlen u. dergl. Ist dies aber richtig, dann ist es auch sachlich und sprachlich richtig, gar kein besonderes Interesse an der Strafverfolgung zu fordern, sondern einfach das Anklagerecht aufzustellen als das Recht jedes unbescholtenen Staatsbürgers (Reichsangehörigen), der ein bestimmtes Alter erreicht hat, und wir würden hier, um die Vorsicht genügend zu beobachten, ein Alter von 30 Jahren vorschlagen. Verlangt man ein besonderes Interesse, das doch nicht nur im Gelde soll bestehen können, so weiß man nicht, wo das anfangen und bezw. aufhören soll. Haben z. B. bei vorgekommener Bestechung von Wahlstimmen für den Reichstag nur die Wähler des betreffenden Kreises ein Interesse, oder ist es nicht richtiger zu sagen, daß alle Angehörigen des Reiches ein Interesse daran haben, daß Wahlbestechungen nicht vorkommen?[3]) Denkt man aber etwa an die Bestimmungen des römischen Anklageprocesses, wodurch dieser sich den im einzelnen Falle

---

[3]) Der Entw. d. österreich. St. P. O. §§ 47, 48 läßt als Privatbetheiligten jeden in seinen Rechten Verletzten zu.

besten Ankläger unter mehreren auszusuchen strebte, so verliert auch diese Betrachtung dadurch ihre Bedeutung, daß neben dem Privatkläger immer die Staatsanwaltschaft mit dem Interventionsrechte besteht und mangelhafte, fahrlässige oder selbst colludirende Erhebung und Durchführung der Anklagen leicht überwachen und verhindern kann. Als eine nicht zu unterschätzende Garantie würden wir es endlich betrachten, wenn in allen irgend erheblichen Sachen die Privatanklage nur durch einen rechtsgelehrten Anwalt betriebenwerden könnte.

II.

Die Aufhebung des Anklagemonopols der Staatsanwaltschaft ermöglicht aber andererseits, der Staatsanwaltschaft während der Untersuchung eine freiere und selbstständigere Stellung zu gewähren und dadurch wiederum das Anklageprinzip wahrer und richtiger durchzuführen; denn dieses ganze Princip ist offenbar von wenig Bedeutung, wenn alsbald nach Erhebung der Klage das Gericht ausschließlich — wenigstens de jure — Herr der Sache und der Staatsanwalt wesentlich zur Rolle eines Berathers des Gerichtes herabgesetzt wird.

Die deutschen Strafproceßgesetze — und ebenso das französische — gestatten dem Staatsanwalt keine Zurücknahme oder Einschränkung der einmal erhobenen öffentlichen Klage; sie fordern, indem sie jedes Verfügungsrecht des Staatsanwalts in dieser Beziehung negiren, hierzu einen Gerichtsbeschluß. Eine Ausnahme macht hier nur die neue österreichische Proceßordnung, welche dem Staatsanwalt die Rücknahme der Anklage sogar noch nach einem förmlichen Anklagebeschlusse gestattet. Auch der Entwurf § 132 hält streng fest an jenem Principe, und die Motive bemerken dazu, die Staatsanwaltschaft, obwohl sie im Strafverfahren in gewisser Weise als Partei aufgefaßt werden könne, sei das doch nicht in dem Sinne, daß ihr auch nach eröffneter Untersuchung eine Verfügung über die Klage eingeräumt werden könne. Habe sie einmal das Richteramt mit einer Klage befaßt, so entspreche es eben so sehr dem Wesen einer Strafsache als der Würde des strafrichterlichen Amtes, daß der Fortgang der Sache dann nicht mehr dem einseitigen Ermessen der Staatsanwaltschaft unterstellt bleiben dürfe, die Klage vielmehr durch richterliche Entscheidung ihre Erledigung finden müsse.

Wir vermögen die Richtigkeit dieser Argumente nicht anzuerkennen. Es kommt unserer Ansicht nach wesentlich an auf die Bedeutung, welche man der Voruntersuchung beilegt. Steht sie der Hauptverhandlung gleichberechtigt gegenüber, oder ist gar diese nur ein Anhängsel jener, so haben die Motive Recht. Ist aber die Voruntersuchung wesentlich nur bestimmt, Vorbereitung der Anklage und Vertheidigung zu liefern, so ist es unrichtig, von vornherein dem Ankläger das Fallenlassen der Anklage unmöglich zu machen. Das Gericht, welches die Eröffnung der Voruntersuchung, sofern diese vom Staatsanwalte beantragt wird, nicht deßhalb zurückweisen kann, weil genügende Verdachtgründe nicht vorliegen, (vgl. § 145 des Entwurfs) — und das ist auch gewiß richtig — hat mit Eröffnung der Voruntersuchung noch gar nicht erklärt, daß die fernere Untersuchung im öffentlichen Interesse liege. Dies kann vielmehr erst dann behauptet werden, wenn ein förmlicher Anklagebeschluß, der auch auf Prüfung der Beweise beruht, vorhanden ist. Bis dahin hat das Gericht noch nicht erklärt, die Sache zu der seinigen machen zu wollen, und unmittelbar öffentlich wird die Sache erst durch den Beginn der Hauptverhandlung. Bis zu dem ersteren Zeitpunkte also jedenfalls sollte dem Staatsanwalte die Befugniß zur Rücknahme gegeben werden, freilich so, daß der Beschuldigte, mit welchem durch Erhebung der Klage einmal doch der Streit befestigt ist und der ein sehr wesentliches Interesse daran haben kann, für seine Unschuld auf einen Gerichtsbeschluß sich berufen zu dürfen, einen solchen muß fordern können. Durch diese Freiheit der Staatsanwaltschaft werden aber bedeutende Vortheile ermöglicht. Zunächst können bei vielen Sachen Weitläufigkeiten und Kosten gespart werden, und dem zu Unrecht Beschuldigten kann die durch die Untersuchung gestörte völlige bürgerliche Integrität und das Gut der Freiheit ohne Aufschub restituirt werden. Sodann trägt nun auch die Staatsanwaltschaft die Verantwortlichkeit für den weiteren Verlauf der Untersuchung; sie kann nun, wenn eine resultatlose Untersuchung sich endlos fortspinnt, nicht mehr darauf sich berufen, daß ihr die Sache aus den Händen genommen sei. Damit hängt es aber endlich zusammen, daß die sonderbare und widernatürliche Rollen- und Stellenverschiebung der Staatsanwaltschaft und des Untersuchungsrichters, welche durch Eröffnung der Voruntersuchung nach den bestehenden Strafproceßgesetzen und nach dem Entwurfe eintritt, aufgehoben oder doch auf ein richtiges Maß zurückgeführt werden kann. Ein Mißbrauch ist hier seitens der Staatsanwaltschaft nicht zu besorgen. Der Staatsanwalt, der die öffentliche Klage zurückzieht, trägt dafür die Verantwortlichkeit in ganz anderer

Weise, als wenn er dieselbe einfach nicht erhebt, sei es, daß er sich um die Sache überhaupt nicht kümmert, sei es, daß er nach einseitig von ihm geleitetem Informations- oder Scrutinialverfahren die Reposition der Acten im Stillen verfügt — und gegen Denjenigen, der nicht durch Gerichtsbeschluß außer Verfolgung gesetzt ist, kann ja jeder Zeit noch die Privatanklage erhoben werden.

Mit dem Informations- oder Scrutinialverfahren einerseits und der Voruntersuchung andererseits aber verhält es sich bekanntlich folgendermaßen. In dem ersteren ist der Staatsanwalt absolut Herr der Sache, das Gericht *muß* seinen Anträgen stattgeben, ohne aus thatsächlichen Erwägungen dieselben zurückweisen zu können; der Staatsanwalt bestimmt Anfang und Ende dieses Verfahrens und von seinem Ermessen nur hängt der weitere Fortgang der Sache ab. In der Voruntersuchung dagegen ist der Staatsanwalt wesentlich beschränkt auf die Rolle eines Controleurs oder gutachtlichen Berathers des Gerichts. Kein Wunder hiernach, daß der Staatsanwalt das Informationsverfahren auszudehnen, die Voruntersuchung zu beschränken oder ganz zu vermeiden suchen wird, und daß das thatsächlich auch geschieht, können wir aus eigenen amtlichen Erfahrungen bezeugen, die sich freilich nur auf die inzwischen beseitigte hannoversche Strafproceßordnung von 1859 beziehen. Hier war thatsächlich in den meisten Fällen, in denen aber nicht wegen einer nothwendigen Verhaftung die unmittelbare Eröffnung der Voruntersuchung direct geboten war, die Voruntersuchung ein ganz bedeutungsloses Nachspiel. Selbstverständlich kann es uns nicht in den Sinn kommen, der nothwendigen Vorbereitung der Anklage gegen eine bestimmte Person die erforderlichen Mittel zu entziehen. Aber es ist ein *logischer Widerspruch* und ein *gewaltiger praktischer Mißgriff, die Untersuchung, die thatsächlich* bereits längst *den Charakter* einer *Verfolgung gegen eine bestimmte Person angenommen hat*, nun in das Gewand einer ganz *vorläufigen Untersuchung*, bei der der Verdächtige noch mehr oder weniger unbestimmt ist, aus angeblichen Bequemlichkeitsgründen einzukleiden. *Daraus entsteht eine fast* **schrankenlose Gewalt des Staatsanwaltes** *über die gesammte Vorbereitung der Hauptverhandlung*, und alle Garantien, welche die Strafproceßordnung für die *Voruntersuchung* enthält, sind fast werthlos, wenn es *nur* vom Belieben der Staatsanwaltschaft abhängt, *wann* die förmliche Voruntersuchung beginnen soll, oder gar ob eine solche überhaupt statt zu finden habe. Dies aber wird selbstverständlich noch weit bedenklicher, wenn die Berufungsinstanz aufgehoben wird, deren wesentliche Bedeutung unseres Erachtens nicht in dem zweimaligen Urtheile über dasselbe Beweismaterial, sondern darin zu finden ist, daß die öffentliche Hauptverhandlung der ersten Instanz dem Beschuldigten das Angriffs- und Vertheidigungsmaterial in wirksamer Beleuchtung vorgeführt hat. Wird die Berufungsinstanz gestrichen, so muß nothwendig die Voruntersuchung mit schützenden Formen mehr als bisher noch umgeben werden. Dies ist auch in dem Entwurfe selbst in gewissem Umfange anerkannt worden. § 154 enthält insbesondere die Vorschrift, dem Beschuldigten und dem Vertheidiger sei auf ihr Verlangen zugestatten, der Vernehmung der Zeugen und Sachverständigen und der Einnahme des Augenscheins beizuwohnen, während z. B. die bisherige preußische Gesetzgebung die Gegenwart des Beschuldigten hier ausschloß. Welchen Werth aber hat diese Vorschrift, wenn die Voruntersuchung erst eintritt, wenn alle Zeugen- und Sachverständigenaussagen abgegeben, alle Augenscheinseinnahmen bereits erfolgt sind? Der Verdächtige als solcher kann im gerichtlichen Verfahren keine Rechte haben. Lediglich durch den Antrag der Staatsanwaltschaft, welcher der Staatsanwaltschaft keinen Vortheil bringt, dagegen dieselbe plötzlich aus der herrschenden Stellung in eine untergeordnete versetzt, also lediglich durch einen Antrag, den die Staatsanwaltschaft naturgemäß auf das Aeußerste zu verzögern, zu vermeiden suchen wird, werden dem Beschuldigten diese Rechte gewährt. Wenngleich nun allerdings daran — abgesehen von dem Falle der Verhaftung des Beschuldigten — nicht gedacht werden kann, ein abstractes Merkmal für die Grenze des Scrutinialverfahrens und der eigentlichen Voruntersuchung in der Art aufzustellen, daß der Staatsanwalt dasselbe zu beobachten gezwungen würde, so muß doch durch anderweite Bestimmungen dafür gesorgt werden, daß der Staatsanwalt ein Interesse daran habe, die Eröffnung der Voruntersuchung zu gebührender Zeit selbst zu beantragen.

Wir vermögen die hier naturgemäße Vorschrift aber nur darin zu finden, daß alle Handlungen, welche irgend Beweishandlungen sein sollen, mit Ausnahme allein derjenigen, welche nach Ansicht des Untersuchungsrichters voraussichtlich bei einigem Aufschube verloren gehen würden, nicht dem Scrutinialverfahren, sondern der Voruntersuchung angehören müssen, und daß abgesehen von dem letzteren Falle auch Zwangsmaßregeln, z. B. gegen Zeugen in dem vorläufigen, der Staatsanwaltschaft unterstellten Verfahren auszuschließen seien. Soll das Anklageprincip Wahrheit und nicht bloß Aushängeschild sein, so muß jede Beweishandlung, soweit irgend möglich, unter Mitwirkung der Parteien vor sich gehen. Dagegen hat das Scrutinialverfahren gar nicht den Zweck der Beweiserhebung, sondern nur den Zweck, der Staatsanwaltschaft die Möglichkeit eines wohlbegründeten und überlegten Entschlusses über die Erhebung oder Nichterhebung der Anklage zu gewähren. Die einzige Ausnahme aber, welche dies in der Natur der Sache liegende Princip durchbricht, ist die factische Nothwendigkeit, einem aus besonderen Gründen, z. B. wegen Krankheit, voraussichtlicher weiter Entfernung eines Zeugen, drohenden Verluste von Beweismitteln entgegenzutreten, und der Regel nach wird eine Augenscheinseinnahme im Strafverfahren, wegen der meistens eintretenden oder doch leicht möglichen Veränderung der äußeren Umstände, Eile erfordern. Die hier einschlagende praktische Bestimmung würde also sein:

> In der Hauptverhandlung darf unter keinen Umständen irgend welcher Gebrauch gemacht werden von Protokollen, welche vor Erhebung der Beschuldigung gegen eine bestimmte Person aufgenommen sind, es sei denn, daß entweder der Untersuchungsrichter die Gefahr des Verlustes von Beweismitteln ausdrücklich bei Aufnahme des Actes festgestellt oder, daß der spätere Beschuldigte mit der etwaigen Benutzung des Actenstückes in der Hauptverhandlung sich ausdrücklich zu gerichtlichem Protokoll einverstanden erklärt hätte, oder solches noch in der Hauptverhandlung erklären sollte.[4])

Die letztere Ausnahme wird insbesondere praktisch für Geständnisse, die der Schuldige nicht selten unter dem ersten mächtigen Eindruck der Schuld ablegt, ehe noch eine förmliche Beschuldigung gegen ihn erhoben werden kann. Theoretisch gerechtfertigt wird sie dadurch, daß das Anklageprincip in gewissem Umfange den Parteien ein Dispositionsrecht über die Beweismittel gestatten kann und muß, insoweit nämlich, als man den Parteien wirklich mit Grund zutrauen darf, das ihnen Frommende und zugleich der materiellen Gerechtigkeit Dienende am besten selbst beurtheilen zu können. Die Augenscheinseinnahme aber und eine damit verbundene Vernehmung von Sachverständigen wird meistens ohne Weiteres als eine Eile fordernde angesehen werden müssen. Eine Schwierigkeit ist nur vorhanden bei mehreren Mitschuldigen, die erst successive in die Untersuchung hineingezogen werden. Die Lösung ergiebt sich aber unseres Erachtens einfach dahin, daß, insoweit die Interessen der Beschuldigten mit einander übereinstimmen,

---

[4]) Darauf kommen auch die englischen Vorschriften hinaus, obwohl sie noch **strenger** sind. Vgl. das in den Anlagen der Motive mitgetheilte englische Gesetz über die Voruntersuchung. s. XVII.

der zuerst Beschuldigte als Vertreter der übrigen Mitschuldigen betrachtet werden kann, in soweit aber die Interessen der Beschuldigten collidiren, die später in die Untersuchung Hineingezogenen gegen eine Beweisbenutzung zu ihrem Nachtheil protestiren können. Freilich fehlt es zum Schutz der letzteren Vorschrift noch an einer Nichtigkeitsbeschwerde wegen Verletzung des Beweisrechts, wie solche das englisch-amerikanische Recht kennt. Indeß darf man ja nicht glauben, daß sie deßhalb durchaus unwirksam sein würde. Und der Hauptzweck ist für uns hier, daß nicht thatsächlich Untersuchungen gegen bestimmte Personen rechtlich noch als Untersuchungen gegen unbestimmte Personen behandelt werden.

Eine andere Frage ist die, ob bereits in dem Vorverfahren Zwangsmaßregeln, und unter welchen Voraussetzungen insbesondere Zwangsmaßregeln zur Ablegung eines Zeugnisses, namentlich auch eines eidlichen, zulässig seien. Diese Frage ist ausführlich erörtert worden auf dem fünften Juristentage (vgl. Verhandlungen II. S. 188 ff., S. 66 ff. und das Gutachten v. Tippelskirchs das. I. S. 76 ff.) Wir sind mit dem Plenum des Juristentags und dem Gutachten v. Tippelskirchs damit einverstanden, daß die Zulässigkeit von Zwangsmaßregeln gegen Zeugen nicht an die Eröffnung einer Voruntersuchung gegen eine bestimmte Person geknüpft werden solle; der Staatsanwalt würde durch eine dahin gehende Beschränkung thatsächlich oft gezwungen werden, ins Blaue hinein Beschuldigungen zu erheben, ohne daß damit irgend ein wirksamer Rechtsschutz namentlich gegen Beeidigungen vermuthlich schuldiger Personen geschaffen würde. Wir sind aber ebenso mit dem Juristentage und v. Tippelskirch der Ansicht, daß unter der Zulässigkeit der Zwangsmaßregeln der Richter in demselben Umfange zu entscheiden habe, als befände sich die Sache im Stadium der Voruntersuchung: d. h. in soweit es sich um Zwangsmaßregeln handelt, hat der Richter auch die Frage mitzuprüfen, ob factisch die Wahrscheinlichkeitsgründe die Maßregel rechtfertigen. Von diesem Principe weicht aber der Entwurf (vgl. § 137), wenigstens nach Auffassung der Motive, durchaus ab. Die Motive (S. 108) wollen dem Richter nur die Prüfung der gesetzlichen Zulässigkeit, nicht aber die der Zweckmäßigkeit der Anwendung von Zwangsmitteln gestatten, d. h. mit anderen Worten, der Richter soll beschränkt sein auf die Prüfung der eignen Zuständigkeit und allenfalls der Frage, ob die von ihm begehrte Handlung überhaupt strafprocessualisch zulässig sei. Dadurch wird der Richter aber durchaus Werkzeug in der Hand der Staatsanwaltschaft und damit scheinen die viel besprochenen Fälle eines Zeugnißzwanges, ohne daß ein dem gemeinen Strafgesetze unterliegendes Delict überhaupt auch nur genannt werden kann, Fälle, in denen die Zeugnißpflicht zur Denunciationspflicht über unbestimmte Thatsachen schien gesteigert zu werden, für ganz Deutschland legalisirt. Anders und richtig bestimmt Abs. 2 des § 88 der neuen österreichischen Strafproceßordnung:

„Der Untersuchungsrichter und Bezirksrichter haben auch bei diesen Vorerhebungen jene Rechte und Obliegenheiten, welche dem Untersuchungsrichter in der Voruntersuchung zukommen.“

Im höchsten Maaße bedenklich aber erscheint es uns, daß nicht einmal im Falle einer Verhaftung ein Zwang zur Eröffnung einer gerichtlichen Voruntersuchung ausgesprochen ist. Die Motive S. 91 bemerken darüber: „Wiederholt ist die Forderung ausgesprochen, daß bei Erlaß des Haftbefehls auch stets die gerichtliche Voruntersuchung eröffnet werden müsse, weil es unzulässig sei, nach erfolgter Verhaftung des Verdächtigen das Verfahren in der Hand der Staatsanwaltschaft zu belassen. Der Entwurf theilt diese Anschauung zwar insofern, als er der Verhaftung baldmöglichst die Eröffnung der Untersuchung folgen lassen will; andererseits aber glaubt er auch, die Staatsanwaltschaft in den Stand setzen zu sollen, prüfen zu können, ob nicht mit Uebergehung einer Voruntersuchung, alsbald die förmliche Anklage erhoben werden könne. Zu dieser Prüfung genügt häufig die Einsicht des Protokolls über die Vernehmung des Verhafteten, namentlich dann, wenn derselbe ein Geständniß abgelegt hat. Wollte man vorschreiben, daß die Staatsanwaltschaft mit dem Antrage auf Verhaftung stets den Antrag auf Eröffnung der Voruntersuchung verbinden müsse, so würde das in zahlreichen Fällen dem Beschuldigten insofern zum größten Nachtheile gereichen, als durch die Voruntersuchung, selbst bei möglichster Beschleunigung derselben, immer eine Verlängerung der Haft herbeigeführt wird. Nichts entspricht gerade so sehr dem Interesse des Beschuldigten, als die der Staatsanwaltschaft gewährte Möglichkeit, denselben alsbald vor das erkennende Gericht zu stellen.“ Gewiß ist es nun richtig, daß wenn der Angeschuldigte zweifellos schuldig ist und wenn er sich selbst dafür bekennt, die möglichste Abkürzung der Procedur seinen Interessen entspricht. Auf diesen Fall aber dürfen die Institutionen des Strafprocesses nicht berechnet werden, wenn wir nicht zu einer Justiz kommen wollen, die an Kürze freilich Nichts, an Garantieen Alles zu wünschen übrig läßt. Von diesem Standpunkte aus, möchte selbst unter Umständen das richterliche Urtheil über die Schuld als entbehrlich, die einfache Executionsverfügung der Staatsanwaltschaft als genügend bezeichnet werden. Sobald dem Verdächtigen die Freiheit der Bewegung, die Möglichkeit, selbst für seine Vertheidigung zu sorgen, durch die Verhaftung genommen ist, muß ihm der Weg zu dieser Vertheidigung durch das Anrufen des unparteiischen Richters eröffnet werden. Es ist wahr, in einzelnen Fällen kann durch die Unterlassung eines Antrages auf Voruntersuchung eine Spanne Zeit[5]) erspart werden. Der Gewinn aber, der hieraus für zweiffellose Verbrecher sich ergiebt, steht in keinem Verhältniß mit dem idealen Gute der Sicherung der Freiheit Aller — wenn, wie der Entwurf mit alleiniger Ausnahme der bei den kleinen Schöffengerichten zu verhandelnden Sachen will der Staatsanwaltschaft nicht einmal eine Frist zur Stellung des Antrages auf Voruntersuchung gesetzt werden soll. Danach kann die **Staatsanwaltschaft** also den Verhafteten im Stadium der Vorerhebungen als bloßer Verdächtiger beliebig lange in Haft sitzen lassen, ihn so zum Geständniß bringen. Wir zweifeln nicht, daß das die Absicht des Entwurfes nicht ist. Aber alle Hochachtung vor unserer Staatsanwaltschaft vorbehalten, eine solche Macht darf keinem Ankläger, keiner Partei im Processe gegeben werden. Die Motive S. 92 rechtfertigen den vollständigen Mangel eines Rechtsschutzes mit der einfachen Bemerkung, daß solche Friste nicht für alle Fälle passen, bald zu lang, bald zu kurz seien, also nicht viel damit gewonnen sein würde. Dem gegenüber ist zu erwidern, daß die Frist kurz sein muß; denn wenn der Staatsanwalt längere Zeit zu weiteren Ermittelungen bedarf, so fällt ja der ganze Vortheil, den man durch Abschneidung der Voruntersuchung erhofft, von selbst weg. Auch die jetzt freilich beseitigte hannoversche revidirte Strafproceßordnung von 1859, der man gewiß einen übermäßigen Liberalismus nicht, wohl aber die präponderirende Stellung der Staatsanwaltschaft oft zum Vorwurf gemacht hat, bestimmt im § 66, daß wenn die Staatsanwaltschaft nicht binnen achttägiger Frist Beschuldigung — sei es durch Antrag auf Voruntersuchung, sei es durch direkte Ladung zur Hauptverhandlung — erhebe, die Haftentlassung stattzufinden habe.

Die Bestimmungen über den Wegfall der gerichtlichen Voruntersuchung erhalten aber noch eine andere Bedeutung durch die gleichzeitig von dem Entwurfe beabsichtigte Aufhebung der Berufungsinstanz. Gerade mit Rücksicht darauf, daß in schwurgerichtlichen Sachen eine

---

[5]) Uebrigens wird der ganze Aufschub wesentlich dadurch herbeigeführt, daß die Staatsanwaltschaft unnützer Weise bei eröffneter Voruntersuchung stets einen richterlichen Beschluß über die Stellung des Angeschuldigten vor das erkennende Gericht erwirken soll. Vgl. dagegen schon die hannoversche revidirte Proceßordnung von 1859 § 121.

Berufung nicht stattfindet, haben die bisherigen deutschen Strafproceßgesetze für diese Sachen die Nothwendigkeit einer Voruntersuchung festgehalten. Oppenhoff bemerkt z. B. zu § 75 der preußischen Verordnung v. 1849: „In den übrigen Sachen wird der Ersatz für die nicht unerläßliche Voruntersuchung in der Statthaftigkeit einer zweiten Instanz gefunden." Der Entwurf hebt die Berufung allgemein auf, giebt dem selbst verhafteten Beschuldigten während der Vorerhebung (des Scrutinialverfahrens) gar keine Parteirechte[6]) und gestattet dem Staatsanwalt, den solchergestalt Verhafteten auch wider seinen Willen sofort vor das erkennende Gericht zu stellen, gegen dessen Entscheidung es kein Rechtsmittel giebt, wenigstens soweit Thatsachen in Frage stehen!

Man wird zur Rechtfertigung darauf hinweisen wollen, daß doch das erkennende Gericht eine Ueberraschung des Angeschuldigten nicht gestatten, bei vorkommenden Mißgriffen der Staatsanwaltschaft eine Vertagung anordnen werde. Allein ist denn auch ein erkennendes Gericht nicht der Uebereilung, der Voreingenommenheit ausgesetzt, ist dasselbe wirklich der Art unfehlbar, daß man alle Garantien des Verfahrens auf sein Ermessen glaubt zurückführen zu können? Ist nicht vielmehr, wenn einmal es zu öffentlichen Verhandlung gekommen ist, die Zeugen der Staatsanwaltschaft erschienen und bereits der ganze, zumeist kostspielige Apparat in Scene gesetzt ist, die Neigung bei den Gerichten vorhanden, die Sache, sowie sie liegt, zu erledigen, und wenn Laien an der Entscheidung, und zwar nicht als Geschworene, sondern als förmliche Richter, als Schöffen Theil nehmen, haben diese nicht gerade oft Neigung, wenn der erste Eindruck dem Beschuldigten ungünstig, alles Weitere als unnütz abzuschneiden? Daß gewisse Formen das Wesen der Justiz sind, hat bereits Montesquieu bemerkt. Die Verfasser des Entwurfs sind anscheinend nicht dieser Ansicht. Der Entwurf ist kurz und anscheinend elegant gefaßt wie kein anderer uns bekannter. Oft wird in den Motiven der Mangel besonderer Schutzvorschriften damit gerechtfertigt, daß ein richtig verfahrendes Gericht, eine wohlmeinende Staatsanwaltschaft solcher einengender Vorschriften entrathen könne. Wir verweisen in dieser Beziehung und in diesem Zusammenhange auf § 168:

> „Vor dem Kleinen Schöffengericht kann auch ohne schriftlich erhobene Anklage und ohne eine Entscheidung über die

[6]) Diese kann der Beschuldigte schon deßhalb nicht haben, weil das Gericht ja die Zweckmäßigkeit der vom Staatsanwalte beantragten Handlungen nicht prüfen soll.

Eröffnung des Hauptverfahrens zur Hauptverhandlung geschritten werden, wenn der Anzuklagende entweder sich freiwillig stellt oder vorläufig festgenommen ist und dem Gerichte vorgeführt wird."

Die Motive verweisen bei diesem Paragraphen auf § 30 der preußischen Verordnung v. 3. Januar 1849 mit dem Bemerken, daß die unmittelbare Vorführung des Beschuldigten vor den erkennenden Richter sich sehr gut bewährt habe. Sie vergessen dabei nur Eines, daß nämlich der genannte § 30 der preußischen Verordnung dies Verfahren nur gestattet, wenn entweder der Angeschuldigte gesteht oder die Beweismittel für die Anklage und Vertheidigung zur Hand sind, und daß außerdem in Preußen gegen Erkenntnisse der Einzelrichter freilich nicht die volle Berufung, doch ein dieser in der Wirkung ziemlich nahe kommendes Rechtsmittel, der Recurs, zusteht. Man könnte freilich wiederum sagen, das verstehe sich von selbst, daß wenn die Beweismittel für die Vertheidigung nicht zur Hand sind, das Gericht nicht urtheilen werde. Man würde aber hier wiederum vergessen, daß solche formell gegebenen Vorschriften für die etwaige Nichtigkeitsbeschwerde einen ganz andern Anhaltepunkt abgeben, als allgemeine Folgerungen aus der Nothwendigkeit der Wahrung der Gerechtigkeit, und daß sie auch ganz anders in der Praxis beachtet werden.

Wenn wir hiernach der Voruntersuchung in ausgedehnter Weise das Wort reden, so verhehlen wir uns nicht, daß von manchen Seiten gerade gegen die Voruntersuchung, da in ihr der Untersuchungsrichter inquisitorisch verfährt, Bedenken erhoben sind. In der That ist es auch ein sonderbarer Gedanke, den Strafproceß gleichsam in zwei Theile zu zerlegen, von denen der eine unter dem inquisitorischen Principe, der andere, die Hauptverhandlung, aber nicht darunter stehen soll. Der Untersuchungsrichter, dem durch einen einfachen Antrag auf Voruntersuchung die ganze Sache seitens der Staatsanwaltschaft übergeben wird, verliert dadurch auch leicht die nöthige Unparteilichkeit. Wenn er auch nicht mehr formell den ersten Anstoß zur Untersuchung giebt (materiell wird er es häufig thun, wenn Gefahr im Verzuge ist), so ist ihm doch, wie v. Stemann (Goltdammers Archiv VIII. S. 43) bemerkt, der Beruf geblieben, einen bestimmten Untersuchungsplan zu machen und durchzuführen, und die Ehre, wenn er den Schuldigen ermittelt, der Tadel, wenn er ihn entschlüpfen läßt. Will er also selbstsüchtigen Motiven Raum geben, so fehlen sie ihm auch heutzutage nicht. Der Schluß hieraus ist aber nicht die Beseitigung der Voruntersuchung, sondern ihre **Unterstellung unter das accusa-**

torische Princip, das hierdurch erst zu einem den ganzen Proceß wahrhaft beherrschenden wird. Das aber geschieht eben dadurch, daß man auch im Voruntersuchungsverfahren der Staatsanwaltschaft beziehungsweise dem Privatankläger es überläßt, bei dem Untersuchungsrichter die geeigneten Schritte zu beantragen, sofern eben nicht Gefahr im Verzuge ist. Dadurch wird denn auch der im englischen und nordamerikanischen Strafverfahren unerfindliche und spitzfindige Unterschied zwischen dem Scrutinialverfahren und der wirklichen Voruntersuchung im Wesentlichen, abgesehen von der Entstehung wirklicher Parteirechte für den Verdächtigen durch die Erhebung der Beschuldigung, praktisch beseitigt, der Untersuchungsrichter wirklich unparteiisch gestellt, so daß er um so wirksamer auch das Interesse eines unschuldig Angeschuldigten wahrnehmen kann.[7]) Die Staatsanwaltschaft aber erhält nun ein wirklich bedeutendes Feld der Thätigkeit ein für alle Mal zugewiesen, und es wird der Uebelstand vermieden, daß die Arbeit in den gewöhnlichen Untersuchungssachen den Gerichten auferlegt werde, die Staatsanwaltschaft aber, wo es ihr gut oder genehm scheint, d. h. in Sachen vorwiegend politischen Charakters, in allen „causes célèbres", durch Verlängerung des sog. Scrutinialverfahrens die Thätigkeit der Gerichte in der Voruntersuchung ausschließe.

Da es uns zweifelhaft erscheint, ob die hergebrachte, freilich leicht in allen Punkten zu widerlegende Anschauung die Einführung des vollen Anklageprincips auch für die Voruntersuchung zur Zeit schon gestatten wird — freilich hatte, wie die Motive selbst mittheilen, sogar das französische kaiserliche Justizministerium 1870 die Nothwendigkeit des Anklageprincips für die Voruntersuchung anerkannt — legen wir um so größeres Gewicht einerseits auf die sog. Parteiöffentlichkeit der Voruntersuchung, d. h. darauf, daß die Parteien den einzelnen Untersuchungshandlungen beiwohnen können, und andererseits auf die Gestattung der Assistenz eines rechtsgelehrten Vertheidigers schon während der Voruntersuchung. Dabei ist es unserer Ansicht nach selbstverständlich, daß diesen Dingen bei Abschneidung der Berufung eine erhöhte Bedeutung zukommt. Gerade in der Rechtsmittelinstanz trat im bisherigen Verfahren des preußischen Rechts und der Strafprozeßordnungen, welche die Berufung noch kennen, das Anklageprincip deßhalb reiner hervor, weil den Parteien durch die erstinstanzliche Verhandlung das Material ausreichend bekannt geworden war und in dem Urtheile erster Instanz ein Object der Kritik für beide

---

[7]) The judge is the counsellor of the prisoner!

Theile vorlag. Mit dem Wegfall der Berufung wird das Inquisitionsprincip, wenn es in der Voruntersuchung gilt, um so stärker für das ganze Verfahren wieder wirken, dessen Geist und Handhabung indirekt bestimmen. Kann man sich daher nicht zur wirklichen Aufgabe des Inquisitionsprincips für die Voruntersuchung entschließen, so müssen doch jene Milderungen desselben möglichst weit reichen. Der Entwurf will nun die Parteiöffentlichkeit bei der Vernehmung der Zeugen und Sachverständigen und der Einnahme des Augenscheins, nicht aber bei der Vernehmung des Beschuldigten. (§§ 154. 153.) Die Motive vermögen zwar hier die große Mehrzahl der deutschen Strafproceßordnungen für sich anzuführen. Der Erwägung aber, „daß die Vernehmung des Beschuldigten, ungeachtet sie den letzteren nicht zu einem Geständnisse nöthigen soll, immerhin ein wichtiges Untersuchungsmittel bleibt, auf welches man in vielen Fällen so gut wie ganz verzichten würde, wollte man dem Vertheidiger gestatten, bei der Vernehmung anwesend zu sein und den Beschuldigten von jeglicher Aeußerung, zu welcher dieser geneigt sein möchte, zurückzuhalten" (Motive S. 127) glauben wir getrost die einfachen und beredten Worte des Berichts des braunschweigischen Obergerichts[8]) entgegensetzen zu können:

„Der § 7 der hiesigen Strafproceßordnung giebt dem Beschuldigten das Recht, in jedem Verhör mit seinem Vertheidiger zu erscheinen ... Der den Gesetzgeber leitende Gedanke war folgender. Obschon nicht verkannt wurde, daß ein Geständniß als regina probationum von dem höchsten Werthe sei, so sollte doch der fehlerhaften Richtung, durch lautere oder unlautere Mittel den Angeschuldigten zu einem Geständnisse zu bringen, mit allen Mitteln entgegengetreten werden, einmal, weil man ein derartiges Verfahren für unwürdig hielt, sodann, weil nur ein freiwillig abgelegtes Geständniß wirklichen Werth hat, während eine dem Angeklagten abgedrungene und abgelistete Erklärung oft genug nur den trügerischen Schein eines Geständnisses gewährt. Wie nach § 43 der Angeklagte zu keiner Antwort oder Erklärung genöthigt werden kann, so ist es ihm nach § 7 freigegeben, sich, bevor er eine Erklärung abgiebt, mit seinem Vertheidiger zu berathen. Der Ton liegt hier darauf, daß der Angeklagte, wenn er will, einen Vertheidiger zuziehen kann .... Von dem Rechte, sofort nach eröffneter Voruntersuchung einen Vertheidiger zu wählen und mit ihm bei Verhören zu

[8]) Die Principien des braunschweigischen Strafprocesses. Drei gutachtliche Berichte auf Veranlassung des Reichskanzleramts . . erstattet vor dem Plenum des Herzogl. Obergerichts. 1872. S. 30. 31.

erscheinen, wird höchst selten Gebrauch gemacht. Vorgekommen ist es bei Beleidigungen von Behörden und Beamten, bei Preßvergehen, außerdem aber in sehr schweren Fällen."

Auch wir finden die wesentliche Bedeutung dieser Vorschrift nicht sowohl in dem mehr oder minder häufigen Gebrauche, der davon gemacht wird, als vielmehr darin, daß sie dem gesammten Vorverfahren einen bestimmten Charakter ideell aufdrückt. Wo die Gesetzgebung dem Beschuldigten nicht formell das Recht zugesteht, die Antwort zu weigern, und ihm andererseits den Beistand eines Vertheidigers bei der Vernehmung formell entzieht, da bestimmt sie indirect, daß der Untersuchungsrichter jeden Anlaß zur Erlangung eines Geständnisses benutzen, auf dieses hinarbeiten, den Schuldigen bearbeiten solle, und wenn dazu heut zu Tage auch nicht mehr die Ungehorsams- und Lügenstrafen verwendet werden, so steht doch die Untersuchungs- und insbesondere die Collusionshaft nach dem Entwurfe dazu in ausgedehntester Weise zu Gebote.

Außerdem wird gerade die vollständige Aufgabe eines jeden Hinarbeitens auf ein Geständniß und die dadurch gegebene vertrauenerweckende Haltung des Richters nicht selten zu einem offenen Geständnisse bewegen, das dann auch vollen Werth besitzt.

Ebenso unvortheilhaft zeichnet der braunschweigischen Strafproceßordnung gegenüber der Entwurf sich hinsichtlich der sonstigen Stellung des Vertheidigers in der Voruntersuchung aus.

Der Entwurf gestattet zwar, hierin sich vortheilhaft vor den meisten älteren deutschen Strafproceßgesetzen auszeichnend, schon während der Voruntersuchung die Zuziehung und Assistenz eines Vertheidigers, welche auch der bayerische Entwurf von 1870 noch verwirft. Allein:

1) der Richter kann anordnen, daß der Unterredung des Vertheidigers mit dem Beschuldigten eine Gerichtsperson beiwohne (§ 127 Abs. 2);

2) dem Vertheidiger steht das Recht der Acteneinsicht vor Eröffnung des Hauptverfahrens nur zu, falls dies ohne Gefährdung des Untersuchungszweckes geschehen kann (§ 126 Abs. 2).

Diese Bestimmungen[9]) entspringen einerseits aus einem ungerechtfertigten und schädlich wirkenden Vorurtheile gegen den Stand der rechtsgelehrten Anwälte, andererseits stehen sie im Zusammenhange mit

9) Vgl. dagegen namentlich auch die Ausführungen von S. Mayer: Zur Reform des Strafprocesses I. (Frankfurt a. M. 1870) S. 57.

der im Entwurfe noch ganz unbeschränkt zugelassenen Collusionshaft, wie sie denn auch bei eingetretener Verhaftung des Beschuldigten das Princip der Gleichstellung der Parteien tief verletzen. Wir verweisen hier zunächst auf den erwähnten Bericht des höchsten braunschweigischen Gerichtshofes, der zu der kategorischen Vorschrift der braunschweigischen Proceßordnung, wonach der Angeklagte in jeder Lage der Untersuchung sich mit dem Vertheidiger ohne Zeugen besprechen kann, die folgenden beherzigenswerthen Bemerkungen macht: „Die hiesige Gesetzgebung hat sich von dem Gedanken leiten lassen, daß ohne einen vom würdigen Geiste beseelten Advocatenstand an ein nachhaltiges Gedeihen der Rechtspflege nicht gedacht werden könne. Sie ist nun zu dem Ende energisch vorgeschritten und sie hat die Genugthuung, sich keinen vergeblichen Hoffnungen hingegeben zu haben. Erscheinungen, die vor 30 oder 40 Jahren gar nicht selten waren, sind fast zur Unmöglichkeit geworden, und die Advocatenkammer würde, wenn ein Advocat, die Pflichten seines Berufs verkennend, das in ihn gesetzte Vertrauen täuschen und den rechtlichen Schutz der Unschuld in widerrechtliche Mithülfe der Schuld verwandeln sollte, ein solches Mitglied nicht dulden.“ Sodann aber fragen wir, wenn gegen den Beschuldigten die Untersuchung von rechtskundiger Seite geleitet wird, ist es da nicht billig, daß ihm rechtlicher Beirath nicht fehle, und wenn dem Beschuldigten selbst die Untersuchungshaft, soweit sie nur sein Entweichen hindern soll, nothgedrungener, aber doch nicht beabsichtigter Weise die Freiheit der Vertheidigung entzieht, soll ihm diese nicht in der Person des Vertheidigers ersetzt werden? Nur vom Gesichtspunkte einer Collusionshaft in dem Sinne, daß es vortheilhaft, nicht etwa für eine einzelne Untersuchungssache — denn um einzelne Fälle handelt es sich nicht — sondern für die gesammte Strafrechtspflege sei, dem Beschuldigten gleichsam im Dunkeln Schlingen zu legen und ihn darin zu fangen, kann ein Einwand erhoben werden gegen das unbedingte Recht der freien Unterredung des Angeklagten mit dem rechtsgelehrten, doch auch auf sein Amt verpflichteten und unter Disciplinaraufsicht stehenden Vertheidiger und auf das unbedingte Recht des Vertheidigers auf Acteneinsicht, „sobald der Angeklagte verhaftet, ein Verhör mit ihm erfolgt, oder eine Haussuchung oder Beschlagnahme gegen denselben verfügt ist.“ [10])

[10]) Braunschweigische Strafproceßordnung § 8. — Die Bestimmungen des österreichischen Entwurfs sind übrigens hier noch weniger empfehlenswerth, als die des deutschen Entwurfs.

Die Motive erörtern (S. 118) auch die Frage der vollständigen Oeffentlichkeit der Voruntersuchung. Sie entscheiden sich vom Standpunkte des im Wesentlichen festgehaltenen Inquisitionsprincips gegen die Oeffentlichkeit, und dies von diesem Standpunkte aus auch mit Recht. Freilich kann, wie die Motive bemerken, zugegeben werden, „daß die Oeffentlichkeit ein erwünschtes Mittel sein würde, schon in diesem Abschnitte des Verfahrens den richterlichen Anordnungen das öffentliche Vertrauen in vollstem Maße zu sichern, wie ja auch in England gewichtige Stimmen behaupten, daß die daselbst gewährte Oeffentlichkeit der Erreichung des Untersuchungszwecks mehr förderlich als hinderlich sei.“ Vom Inquisitionsprincipe aus kann freilich niemals Oeffentlichkeit der Untersuchung empfohlen werden. Aber gerade das letzterwähnte Zugeständniß scheint uns zu beweisen, daß das Inquisitionsprincip ein schlechtes ist, und die Ausführungen der Motive (S. 112) erschienen uns einfach als „verlorene Liebesmüh“. Es handelt sich in der That im Hauptverfahren nicht um eine bloße Anklageform, sondern um das Anklageprincip. Das letztere hat freilich nicht die Bedeutung, daß die Parteien, wie die Motive glauben, über die in Frage stehenden Rechte frei wie über Privatrecht disponiren könnten; wohl aber hat es doch die Bedeutung, daß beiden Parteien mit gleichem Maße gemessen werden soll, daß beiden Theilen bestimmte Rechte unbedingt gewährleistet werden, welche eben nicht vom richterlichen Ermessen abhängen, und daß endlich, wenngleich der Richter gegen offenbare materielle Ungerechtigkeit einschreiten kann, das zunächst bewegende Princip der Verhandlung nicht in der Person des Richters, sondern in der Thätigkeit der Parteien gefunden wird. Wenn aber die Motive meinen, der Entwurf stehe, was die Voruntersuchung betrifft, zwischen dem englischen Anklageprincipe und dem bisherigen Inquisitionsprincipe in der Mitte, so liegt diese Mitte unserer Ansicht nach ganz merkwürdig der letztgenannten Seite nahe, viel näher, als die braunschweigische Strafproceßordnung, obwohl die letztere sich noch gar nicht einmal dieses neuen mittleren Princips berühmt!

Wir fügen zum Schluß noch Eins hinzu. Niemand wird die Staatsanwaltschaft (oder den Ankläger überhaupt) hindern wollen, im Stillen und im Geheimen Ermittelungen anzustellen und dabei z. B. auch der Hülfe der Polizeibehörden sich zu bedienen. Sie mag das in ausgedehntestem Maße thun, und es mögen ihr dazu, was wir durchaus billigen, auch genügende Geldmittel zu Reisen, auch zur Entschädigung von Zeugen, die die Staatsanwaltschaft selbst vernahm, zur

Disposition gestellt werden — und es ist unseres Erachtens nur eine merkwürdige Pedanterie, wenn die deutsche Gesetzgebung der Staatsanwaltschaft alle möglichen anderen Befugnisse giebt, ihr aber so ziemlich absolut den Geldbeutel verschließt. Aber wo das Gericht thätig wird, wo Zwangsmittel angewendet werden, wo Actenstücke aufgenommen werden, die möglicher Weise als Beweisstücke oder zur Unterstützung doch eines Beweises verwendet werden, da muß auch die Herrschaft des Princips beginnen, nach welcher der ganze Proceß bezeichnet wird. Auf eine inquisitorische Voruntersuchung kann nicht leicht eine wirkliche accusatorische Hauptverhandlung folgen, und eine durchaus schriftliche Voruntersuchung verschleppt die Schriftlichkeit auch in die Hauptverhandlung. Kann man aber gleichwohl zu einer kühnen, radicalen Aenderung sich nicht entschließen, so gebe man wenigstens folgende Vorschrift:

> In allen wichtigeren Sachen [11]) muß der öffentlichen Verhandlung vorangehen eine öffentliche Verhandlung vor einem Richter, der nicht der Untersuchungsrichter sein darf, in welche die Parteien die Sache summarisch unter Angabe der Beweismittel erörtern, aber auch Zeugen und Sachverständige zur summarischen regelmäßig nichteidlichen Vernehmung unmittelbar zur Stelle bringen können. Die richterliche Entscheidung beschränkt sich auf den Anspruch, ob mit Rücksicht auf die Anklage, wie sie der Ankläger beabsichtigt, und demgemäß auch im Termin zu formuliren hat, die Hauptverhandlung genügend vorbereitet sei. (Nicht in diesem Termine vorgebrachte Beweismittel können in der Hauptverhandlung nur nach dem Ermessen des Gerichtvorsitzenden und von Seiten der Anklage in der Regel nicht vorgebracht werden.) Ein Rechtsmittel gegen die Entscheidung des Richters findet nicht statt.

Diese Verhandlung nimmt im Wesentlichen die Stelle des Schlußverhörs in der Untersuchung ein, welches z. B. auch die hannoversche revidirte Strafproceßordnung § 115 mit den Worten vorschrieb:

> „Beim Schluß der Voruntersuchung .... muß der Untersuchungsrichter den Beschuldigten im Allgemeinen von den gegen ihn ermittelten Beweisen in Kenntniß setzen.

---

[11]) Selbstverständlich wäre dies genauer zu bestimmen. Unserer Ansicht nach könnte einfach gesagt werden in allen nicht vor die Strafgerichte unterster Ordnung gehörigen Sachen.

Auch ist der Beschuldigte, sofern dies nicht schon früher geschehen, zu einer Erklärung hierüber und zur Abgabe der noch nicht angegebenen Vertheidigungsmittel aufzufordern"

und welches auch Zachariä Strafproc. II. § 124 im Allgemeinen für eine Pflicht des Untersuchungsrichters erklärt. Während aber diese nichtöffentliche Vernehmung vor dem Untersuchungsrichter — eben weil der Untersuchungsrichter inquisitorisch die ganze Sache bisher geleitet hatte, ihm Alles selbstverständlich schien, und der Staatsanwalt nicht zugegen war — meistens zu einer bloßen Formalität wurde, ist durch die Einschiebung eines anderen Richters, die Gegenwart der Parteien, die Oeffentlichkeit dagegen Fürsorge getroffen. Insofern zur Stellung des Angeschuldigten vor das erkennende Gericht ein Beschluß eines Gerichts, ein Anklagebeschluß erforderlich sein sollte — was wir aber mit Ausnahme der schwersten Fälle gar nicht wünschen — könnte die Verhandlung, welche dann vor einem Gerichtskollegium erfolgen müßte, auch den Anklagebeschluß zum Gegenstande haben.

Die Motive S. 132 bemerken freilich: „In noch höherem Maße wie gegen die Zuziehung der Staatsanwaltschaft und der Vertheidigung (behufs Abgabe des gerichtlichen Anklagebeschlusses) sprechen die vorhin erwähnten Rücksichten (Weitläufigkeiten bei Heranziehung der Staatsanwaltschaft und beziehungsweise des Vertheidigers) gegen eine mündliche Beweiserhebung vor dem beschließenden Gerichte. Denn eine solche Beweiserhebung würde, wenn sie eine vollständige und ihrem Zweck genügende sein sollte, sich von der Verhandlung vor dem erkennenden Gericht wenig oder gar nicht unterscheiden, während ein minder vollständiges Verfahren, etwa nach Art der englischen großen Jury (die überdies nur den Ankläger und die Belastungszeugen hört) nicht nur keine Vortheile bieten, sondern auch der deutschen Anschauungsweise durchaus widersprechen würde, wie ja auch in England selbst nicht verkannt wird, daß das Verfahren vor der großen Jury an sehr erheblichen Mängeln leidet."

Hier sind unseres Erachtens verschiedene Dinge durch einander geworfen und daraus ist dann ein halbrichtiger und halbunrichtiger Schluß gezogen. Der Anklagebeschluß im heutigen deutschen Strafverfahren erfüllt eine doppelte Function, erstens entscheidet er über die genügende Vorbereitung der Anklage und Vertheidigung für die Hauptverhandlung und zweitens darüber, ob von der Hauptverhandlung eine Schuldigsprechung möglicher Weise zu erwarten sei. Da eine bejahende Entscheidung über den zweiten Punkt die Entscheidung über den ersten bereits voraussetzt, so wird jener erste Punkt bei den Erörterungen über den Anklagebeschluß meist ganz außer Acht gesetzt. Gleichwohl sind beide Punkte trennbar, und sehr wohl ist die Ansicht zu vertheidigen, daß man den Anklagebeschluß als solchen gänzlich fallen und nur eine Entscheidung über die genügende Vorbereitung der Anklage und Vertheidigung bestehen läßt.

Die Nothwendigkeit eines besonderen Anklagebeschlusses, welcher erklärt, daß der Angeklagte genügend verdächtig sei, ist bekanntlich von mehreren Seiten [12]) mit schwer wiegenden Gründen, namentlich mit dem Hinweise darauf bekämpft worden, daß der Angeklagte unter dem Gewichte eines solchen Verdächtigkeitsbeschlusses, dem doch eine ernsthafte Prüfung, wenigstens im bisherigen deutschen Strafverfahren, nicht vorausgehe, schwer zu tragen habe, während ein sehr viel besserer Schutz in der strengen und ungetheilten Verantwortlichkeit der öffentlichen Anklagebehörde, der Staatsanwaltschaft, zu befinden sei, und auch wir haben uns gegen den von anderer Seite [13]) gemachten Vorschlag, dem Angeschuldigten einen besseren Schutz durch eine contradictorische Verhandlung vor dem Anklagebeschlusse und über denselben zu gewähren, deßhalb erklärt, [14]) weil wir dabei eine ungründliche Hauptverhandlung durch Vorwegnahme des Interesses an der Vorverhandlung glaubten befürchten zu müssen. Dennoch hat sich der Juristentag [15]) für Beibehaltung des Anklagebeschlusses auf nicht contradictorischer Grundlage entschieden und selbst die neue österreichische Strafproceßordnung will denselben für die schwereren Straffälle aufrechterhalten. Ohne Zweifel hat dabei mitgewirkt die Erwägung, daß der Anklagebeschluß wie er gegen eine unbegründete öffentliche Hauptverhandlung Schutz gewähre, so auch gegen eine ungenügende Vorbereitung der Hauptverhandlung, wenngleich wesentlich in den Vordergrund trat die Rücksicht auf die Person des Angeklagten, der, weil die Justiz das ganze menschliche Leben zu beleuchten pflege, aus einem solchen Verfahren zwar freigesprochen, aber zuweilen an Ehre und guter Meinung geschädigt zurückkehre. Wir geben das letztere zu; indeß wird es doch nur dann eintreten, wenn die öffentliche Verhandlung wirklich entweder wie die Hauptverhandlung die ganze Sache erschöpfen soll, oder doch mindestens

---

[12]) Vgl. insbesondere Glaser, Archiv des Criminalrechts 1852 S. 252 ff.; kleinere Schriften II. S. 148 ff. Geyer, Gutachten für den deutschen Juristentag. Verhandlungen VII. 1. S. 63 ff. und die Debatten das. 2. S. 134 ff. Dafür erklärte sich auch v. Stenglein, das. S. 140 ff.

[13]) Dalcke im Archiv f. preuß. Strafr. X. S. 451.

[14]) Bar, Recht und Beweis im Geschworenengericht. S. 50.

[15]) Verhandlungen des VII. deutschen Juristentages 2. S. 154.

zu einem Gutachten dienen soll, ob der Angeklagte wahrscheinlich werde verurtheilt werden. Soll die öffentliche Verhandlung nur zu einem Ausspruche darüber dienen, ob die demnächstige Hauptverhandlung genügend vorbereitet sei, so ist es ganz widersinnig, Beweisführungen über das frühere Leben des Angeklagten, über seinen Charakter — Beweisführungen, mit denen bei Angeklagten wie bei Zeugen in Deutschland leider ebenso wie in Frankreich zuweilen der übelste Mißbrauch getrieben wird — hineinzuziehen. Von einem den Angeklagten benachtheiligenden Gewichte eines Beschlusses, der nur erklärt die Anklage und Vertheidigung sei genügend vorbereitet, kann nicht die Rede sein. Gleichwohl werden durch die Möglichkeit einer Zurückweisung ungenügend vorbereiteter Anklagen auch Anklagen zurückgehalten, die überhaupt nicht genügend vorbereitet werden können, weil sie in thatsächlicher Beziehung durchaus unbegründet sind, wenn man in Betracht zieht, daß dem Staatsanwalt nach unserer oben begründeten Ansicht die Befugniß gegeben werden sollte, mit Zustimmung des Angeklagten die erhobene Anklage fallen zu lassen: hat der Staatsanwalt erhebliches Material nicht mehr in Händen, so muß er nothgedrungen die Anklage lassen fallen. Dabei wäre aber auch dem eigenen Ermessen des Angeklagten ein großer Spielraum gegeben; er könnte sich mehr oder weniger opponiren, je nachdem ihm die definitive öffentliche Verhandlung weniger oder mehr vortheilhaft erschiene, und das würde bei solcher mündlichen Verhandlung von selbst ins Gewicht fallen. Nur gegen eine irrige rechtliche Qualificirung der Anklage schützt ein solcher Gerichtsbeschluß nicht. Liegt aber der Fehler wesentlich hierin, und sind die Thatsachen im Wesentlichen vom Angeklagten nicht bestritten, so schadet ihm auch die öffentliche Hauptverhandlung in seinem Rufe nicht, während ein vollständiger Anklagebeschluß, insbesondere, wenn er etwa vom höchsten Gerichtshofe bestätigt ist, den Angeklagten in eine höchst nachtheilige Lage versetzt. Ein solcher Beschluß, wie wir ihn hier proponiren, kann aber auch das Verfahren nicht lange aufhalten, namentlich da es keiner Rechtsmittel bedarf: denn der Staatsanwalt selbst und nicht das Gericht setzt die Anklageformel für die demnächstige Hauptverhandlung fest. Daneben würde die Nothwendigkeit einer besonderen Anklageschrift wegfallen, die einerseits das Verfahren verzögert, andererseits, bekanntlich dem Angeklagten, indem sie leicht eine Menge unbewiesener Facta als gewiß darstellt, gefährlich werden kann.

Wir kehren jetzt zu dem oben S. 29 mitgetheilten Satze der Motive zurück. Man wird, hoffen wir, schon jetzt anerkennen, daß die Conclusion der Motive eine unrichtige ist. Wir dürfen aber noch hinzufügen, daß die Angriffe, welche in neuerer Zeit in England auf die dortige Art der Vorbereitung der Hauptverhandlung gemacht sind, sich gar nicht auf die öffentliche Verhandlung vor dem Magistrat und dessen Ausspruch — nach Mittermaier[16]) die beiden wichtigsten Stücke der englischen Voruntersuchung — sondern auf das Verfahren der großen Jury beziehen. Die Motive dürfen sich also zur Bekämpfung einer öffentlichen contradictorischen Verhandlung hierauf nicht berufen. Wie aber dem deutschen Rechtsbewußtsein eine öffentliche Verhandlung über die Anklage widerstreiten sollte, vermögen wir nicht einzusehen. Von solchen allgemeinen ohnehin oft sehr mißlichen Berufungen auf das deutsche Rechtsbewußtsein kann doch wohl nicht die Rede sein bei Einrichtungen, die erst vor wenig Jahren aus dem französischen Proceß herüber genommen sind, oder man müßte denn das ganze alte heimliche Inquisitionsverfahren als ein Postulat des deutschen Rechtsbewußtseins hinstellen wollen.

Der Entwurf (§§ 159 ff.) will, abweichend hierin von einer Mehrzahl von Strafproceßordnungen, die wenigstens bei minder schweren Strafsachen einen Anklagebeschluß nicht fordern, immer einen gerichtlichen Beschluß über die Stellung des Beschuldigten vor das erkennende Gericht; indem er dadurch einerseits in allen denjenigen Fällen, in welchen eine Voruntersuchung stattfindet, eine Menge von Weiterungen und Verzögerungeu herbeiführt, macht er die durch den Verweisungsbeschluß dem Angeschuldigten gegebene Garantie dadurch im Wesentlichen zu einer problematischen, daß er die Frage, ob eine Voruntersuchung stattfinden solle, in den leichteren Straffällen ganz vom Ermessen der Staatsanwaltschaft abhängen läßt, in den schwereren Straffällen aber doch wenigstens die Frage, wann die Voruntersuchung zu beginnen habe, und daß er in allen Fällen die Staatsanwaltschaft zur möglichsten Umgehung der Voruntersuchung veranlaßt. Es ist das eine Folge des Mangels der subsidiären Privatanklage. Ohne diese kann der Staatsanwaltschaft eine (gesetzlich) freie Stellung nicht eingeräumt werden.

Wie bemerkt erklären die Motive S. 135. 136 die Ausarbeitung einer besonderen Anklageschrift nach dem Anklagebeschlusse für nicht unbedenklich. Der Entwurf stellt gleichwohl über die Abfassung derselben keine Vorschrift auf. Zugegeben, daß dergleichen Bestimmungen wenig helfen, so fragt man doch billig, weßhalb denn die in der neuen österreichischen Strafproceßordnung angenommene, bereits früher von

---

[16]) Das englische, schottische und nordamerikanische Strafverfahren S. 171 ff.

Glaser wie von uns empfohlene Einrichtung verworfen ist, nach welcher der Staatsanwalt die Anklageschrift vor dem Anklagebeschlusse auszuarbeiten hat, und jene dann in diesem einfach genehmigt wird. Dann ist es ja auch nicht nöthig, daß, wie die Motive zum § 171 bemerken, der Angeklagte erst noch prüfen muß, ob die Anklageschrift mit dem Anklagebeschlusse übereinstimmt. Nur durch diese Einrichtung der österreichischen Strafproceßordnung (§§ 207 ff.) wird ein wirksamer Schutz gegen captivirende Anklageschriften geschaffen, und wenn manche Anweisungen eines Gesetzes selbst leicht fromme Wünsche bleiben, so ist diese Gefahr noch mehr vorhanden, wenn diese Wünsche sich gar noch in die Motive zurückziehen, die je älter ein Gesetz wird, desto mehr an ihrer Bedeutung zu verlieren pflegen.

Was sodann die fernere Vorbereitung zur Hauptverhandlung betrifft, so gewährt § 173 dem Angeklagten eine Frist von einer Woche zur Vorbereitung der Vertheidigung zwischen der Ladung zur Hauptverhandlung und dieser selbst. Die Motive bemerken dazu, diese Frist erscheine völlig ausreichend. „In den Fällen, in denen eine Voruntersuchung stattgefunden, habe der Angeklagte schon im Laufe der letzteren Gelegenheit gehabt, sich über die gegen ihn vorliegenden Beweise zu unterrichten; die Fälle aber, in denen ohne vorgängige Voruntersuchung das Hauptverfahren eröffnet werde, werden meistens von so einfachem Sachverhalt sein, daß es zur Vorbereitung der Vertheidigung keines größeren Zeitraumes bedürfen werde. Treffe diese Voraussetzung ausnahmsweise nicht zu, oder mache es der Angeklagte aus sonstigen Gründen glaubhaft, daß die Vorbereitung seiner Vertheidigung eine längere Frist erheische, so sei selbstverständlich das Gericht ebenso berechtigt als verpflichtet, auf seinen Antrag den Termin zur Hauptverhandlung hinauszuschieben". Hierbei ist wieder übersehen, daß die Eröffnung einer wirklichen Voruntersuchung abgesehen von den schwersten Straffällen ganz vom Ermessen der Staatsanwaltschaft abhängt, und daß das Recht des Beschuldigten zur Vertheidigung in einem Verfahren, welches den Namen eines Anklageverfahrens verdient, innerhalb ausreichender Grenzen ein unbedingtes sein muß, nicht wieder vom Ermessen des Gerichts abhängen darf. Hat man nun den Angeklagten von der Staatsanwaltschaft während der Voruntersuchung genügend emancipirt, und besteht ein wirksamer Zwang für die Staatsanwaltschaft, die Voruntersuchung, insbesondere in Fällen einer Verhaftung, zu beantragen, so genügt die Bestimmung des Entwurfs freilich; sie ist aber bedenklich, wenn, wie nach den früher erörterten Bestimmungen des Entwurfs, gerade das Gegentheil der Fall ist, und außerdem keine Berufung stattfindet.

Für sehr bedenklich müssen wir ferner die Bestimmung des Abs. 2 des § 173 halten, wonach der Angeklagte das Recht verliert, die Aussetzung der Verhandlung zu beantragen, wenn er es vor Beginn des Vortrags der öffentlichen Anklage nicht spätestens geltend gemacht hat. Personen, die keinen rechtsgelehrten Vertheidiger haben, werden damit des Rechts auf Aussetzung der Verhandlung ohne Weiteres meistens verlustig gehen, und das Ermessen des Gerichts hilft nicht in allen Fällen; Voreingenommenheit und Uebereilung können auch bei dem erkennenden Gerichte vorkommen und kommen ohne feste sichernde Formen gar nicht so selten vor, wie es denn auch möglich ist, Gerichte an eine Art tumultuarischen Verfahrens durch zu laxe Formen gleichsam zu gewöhnen. Die fragliche Bestimmung muß unseres Erachtens in die folgende umgewandelt werden:

„Der Beschuldigte kann auf das Recht, Aussetzung der Verhandlung zu beantragen, ausdrücklich verzichten bei Beginn oder während der Hauptverhandlung; vorher zu richterlichem Protokoll, wenn er einen rechtsgelehrten Vertheidiger hat.“

Es ist unseres Erachtens Sache der rechtsgelehrten Staatsanwaltschaft, wenn sie eine Sache vorzeitig zur Verhandlung bringen will, den Beschuldigten auf jene Befugniß aufmerksam zu machen. Die hannoversche Strafproceßordnung bestimmte im § 186, daß im schwurgerichtlichen Verfahren der Vorsitzende den Angeklagten bei Strafe der Nichtigkeit des Verfahrens zu befragen habe, ob er Gründe habe, die Aussetzung des Verfahrens zu beantragen!

Zu besonderen Bemerkungen gaben bezüglich der Vorbereitung der Hauptverhandlung noch die §§ 175—177 Anlaß. Sie sind im Wesentlichen der revidirten hannoverschen Strafproceßordnung entnommen und behandeln im Allgemeinen richtig die Vorladung der Zeugen und Sachverständigen als Parteisache, zunächst der Staatsanwaltschaft. Wir halten aber den in der hannoverschen Proceßordnung enthaltenen, von dem Entwurfe (vgl. Motive S. 150) gestrichenen Satz:

> „Bei der Auswahl der vorgeschlagenen Zeugen darf der Staatsanwalt nur die unparteiische Ermittelung der Wahrheit im Auge haben“

doch auch in der deutschen Strafproceßordnung für ganz entsprechend; denn man glaube ja nicht, daß allgemeine in einem Proceßgesetze ausgesprochene Maximen ganz nutzlos seien; die Menschen sind weder so ideal, daß eine Berufung auf jene nicht gelegentlich am Platze wäre, noch sind sie so wenig dem Gesetze zugethan, daß das Gesetz stets

Zwang und Nichtigkeitsandrohungen brauchte. § 177 giebt dem Vorsitzenden des (erkennenden) Gerichts ebenfalls das Recht, Zeugen und Sachverständige zu laden. Die Motive bemerken dazu, da der Vorsitzende dies Recht von Amts wegen üben könne, so könne er es auch auf Antrag des Beschuldigten üben, wenn die Staatsanwaltschaft diesen Antrag abweise. Wir sind der Meinung, es sei richtiger, dies auch besonders auszusprechen; denn es sieht fast so aus, als habe zwar der Vorsitzende jenes Recht unbeschränkt, der Angeklagte dürfe aber von dem Staatsanwalt nicht an ihn appelliren. Die hannoversche Strafproceßordnung sprach letzteres ausdrücklich aus.

III.

Wenn der Entwurf mit den letztgenannten die Vorbereitung der Hauptverhandlung bezielenden Bestimmungen sich wesentlich auf den Boden des Anklageprincips gestellt hat, so bleibt er, was die Hauptverhandlung selbst betrifft, wiederum vollständig im Inquisitionsprincipe stecken, und diese ist doch in einem mündlichen Verfahren das Hauptstück.

Nach § 193 erfolgt die Vernehmung des Angeklagten und die Aufnahme des Beweises durch den Vorsitzenden des Gerichts. Das ist rein inquisitorisches Verfahren. Das Anklageprincip verlangt, wie hier weiter auszuführen wohl nicht nöthig ist, daß die Parteien die Beweise dem Richter selbstthätig liefern, diesem aber nur eine ergänzende Thätigkeit, namentlich im Interesse des Angeklagten zufällt! Dadurch wird auch allein eine wirklich unparteiische Stellung des Gerichtsvorsitzenden ermöglicht, während nach dem bisherigen Verfahren des deutschen und französischen Processes der Staatsanwalt häufiger unparteiischer erscheint als der Vorsitzende, der unwillkürlich sich Mühe geben muß, die Schuld nach Maßgabe der Voruntersuchungsacten herauszuinquiriren.

Die Motive S. 166 führen dann auch eine Reihe von Autoritäten an, welche für die englische, in England als ein Grundpfeiler gerechter Justiz betrachtete Einrichtung des Kreuzverhörs sich ausgesprochen haben, z. B. auch Zachariae, v. Stemann, und es würde nicht schwer sein, diesem noch andere Schriftsteller anzureihen. [17]) Die Motive verkennen auch keineswegs die mit dieser Einrichtung verbundenen Vortheile, daß nämlich der vorsitzende Richter von einer seine sonstigen Aufgaben gefährdenden Arbeitslast befreit, und ihm eine größere Objectivität der Entscheidung gesichert werde, daß andererseits aber Staatsanwalt und Vertheidiger ihre Befugnisse wirksamer wahrzunehmen vermögen, während gegen ungebührliche Fragen und mangelhafte Verhöre durch die ergänzende und beaufsichtigende Thätigkeit des Vorsitzenden Vorsorge getroffen werde. Die Motive entscheiden sich aber gleichwohl für die bisherige Einrichtung, erstens weil die Vernehmung der Zeugen in der Hauptverhandlung keineswegs eine nothwendige Folgerung aus der Anklageform sei — denn sonst müßte man noch mehr für den heutigen Civilproceß die Vernehmung der Zeugen durch die Parteien verlangen — und zweitens weil nur in einem Bruchtheile der Strafsachen die bei dem Kreuzverhöre nothwendige Mitwirkung des Vertheidigers stattfinde. Das erste Argument ist uns in der That nicht verständlich. Wir können ihm z. B. den von den Motiven selbst citirten Ausspruch Zachariae's entgegensetzen. Ein Engländer und Nordamerikaner würde es für unmöglich halten als ein accusatorisches Verfahren ein solches zu bezeichnen, bei welchem gerade in dem allein entscheidenden Stadium der Richter das Beweismaterial heranzieht und auseinanderlegt — während die Parteien auf die naturwidrige Rolle von Controleuren des Gerichts beschränkt sind. Kaum nöthig erscheint es noch zu bemerken, daß auch der Anklageproceß des Alterthums an eine Production des Beweismaterials durch den Richter nicht gedacht hat, und dieselbe im mittelalterlichen Processe undenkbar war. Die Berufung auf den Civilproceß ist aber deßhalb hinfällig, weil eben dieser gerade jetzt sich im Stadium radicaler Umänderung befindet und erst eben aus den Fesseln der Schriftlichkeit sich wirklich befreien will, und es keinem Zweifel unterliegen kann, daß er mehr noch als der Strafproceß in einem großen Theil Deutschlands, speciell aber in den altpreußischen Provinzen hinter den Anforderungen der Zeit und der Wissenschaft zurückgeblieben ist. Uebrigens haben wir z. B. bereits im Jahre 1867 die Vernehmung der Zeugen durch die Anwälte der Parteien auch im Civilprocesse als richtig und sachgemäß bezeichnet [18]) und es ist möglich, daß wir auch hierin, wie in einigen andern Dingen, welche die

---

[17]) In neuester Zeit z. B. H. Seuffert: Ueber Schwurgerichte und Schöffengerichte. 1873 S. 55.

[18]) Recht und Beweis im Civilprocesse S. 257.

hergebrachte Anschauung anfangs als unmöglich oder unpraktisch betrachtete, schließlich noch durchdringen.

Gewichtiger scheint der andere Einwand, der sich auf die Nothwendigkeit der Zuziehung eines rechtsgelehrten Vertheidigers gründet, und hier konnten die Motive sich auch auf einen Ausspruch v. Stemann's berufen. Allein jedenfalls trifft der Einwand doch die Fälle nicht, wo ohnehin schon ein Vertheidiger zugezogen wird, also keinenfalls die schweren Straffälle, in denen der rechtsgelehrte Vertheidiger schon jetzt gesetzlich nothwendig ist, mit andern Worten, er trifft gar die wichtigsten Straffälle nicht, für die ja auch sonst exceptionelle Vorschriften existiren, und dann erscheint es uns, wenn die Berufungsinstanz für die übrigen Straffälle aufgehoben wird, als eine Nothwendigkeit, dafür die Garantieen der ersten und einzigen Instanz zu verstärken, und eine der wichtigsten Garantieen ist gerade die Zuziehung eines rechtsgelehrten Vertheidigers. Unserer Ansicht nach muß dieselbe auch in den wichtigeren der zur Competenz der mittleren Strafgerichte gehörigen Fälle dann obligatorisch gemacht, in allen anderen vor die mittleren Strafgerichte gehörigen Fällen aber dem unvermögenden Angeschuldigten auf sein Ansuchen auf Staatskosten gewährt werden.[19]) Die Vorschrift des § 122 Abs. 2, wonach die Zuordnung eines Vertheidigers überall in den mittleren Straffällen im Ermessen des Gerichts steht, reicht unserer Ansicht nach nicht aus. Die Gerichte mögen den besten Willen haben, dem Antrage des Beschuldigten überall da zu entsprechen „wo solche mit Rücksicht auf die Persönlichkeit des Beschuldigten oder auf die Schwierigkeit der Sache angemessen erscheint" (vgl. Motive S. 99), ein Schutz gegen Uebereilung liegt darin nicht. Wir glauben doch uns nicht ganz seltener Fälle zu erinnern, wo dadurch, daß über die in erster Instanz rasch erledigte Sache in der zweiten ein rechtsgelehrter Vertheidiger gehört wurde, eine Freisprechung oder doch eine wesentliche Herabminderung der Strafe erfolgte.

Es ist uns freilich bekannt, daß häufig die Zuziehung eines Vertheidigers von den Gerichten nicht gerade mit Gunst für den Beschuldigten, der dieselbe wünscht, betrachtet wird.[20]) In der That sind die Vertheidiger durch die inquisitorische Einrichtung des gegenwärtigen Verfahrens leere Worte zu sprechen nicht selten verurtheilt, durch welche sie dann die Gerichte ermüden, und das hat wiederum zur Folge, daß

---

[19]) Vgl. dafür jetzt auch die Bestimmung der neuen österreichischen Strafproceßordnung § 41 a. E.

[20]) Scherzhaft ausgedrückt: der Verdächtigkeits- bezw. Erschwerungsgrund eines verlangten Vertheidigers!

die Vertheidigung im Strafprocesse oft in weniger gute Hände kommt, als sie verdient. Es bedarf aber keiner weiteren Ausführung darüber, daß sich das anders gestalten muß, wenn dem Vertheidiger die naturgemäße Rolle bei Aufnahme des Beweises zufällt.

Aber selbst in den Fällen, wo ein Vertheidiger nicht zugezogen wird, halten wir die Beweisaufnahme zunächst durch die Staatsanwaltschaft für das richtige Verfahren. Hat der vorsitzende Richter hier inquisitorisch gegen den Angeklagten zu verfahren, so ist klar, daß der letztere — selbst ohne Vertheidiger — eigentlich zwei Ankläger sich gegenüber hat, auf einen wirklich unparteiischen Schutz aber in der Verhandlung verzichten muß.

Keiner weiteren Darlegung bedarf es sodann, daß die inquisitorische Thätigkeit des Vorsitzenden noch bedenklicher wird, wenn ihm das Gesetz, wie der Entwurf im § 193 Abs. 2 will, eine präponderirende Stellung bei der Stimmenzählung der Richter über Beschlüsse im Laufe der Hauptverhandlung gewährt. Es läßt sich erwarten, daß bei den mittleren Strafgerichten, da nach § 213 eine dem Angeklagten nachtheilige Entscheidung der Schuldfrage mit zwei Drittheilen der Stimmen erfolgen soll, die Anzahl der richtenden Personen eine gerade (6) sein solle. Danach werden Fälle der Stimmengleichheit gar selten sein, in denen der Präsident — ohnehin durch alleinige Kenntniß der Acten vor den übrigen Gerichtsmitgliedern in der Regel ausgezeichnet — den Stichentscheid abgiebt. Die richtige Bestimmung würde die sein, daß im Falle der Stimmengleichheit die dem Antrage der Vertheidigung günstigere Meinung, und nur dann, wenn ein solcher Antrag nicht vorliegt, die Stimme des Präsidenten den Ausschlag gebe.

Die inquisitorische Thätigkeit des Gerichts wird aber unserer Ansicht nach noch weit bedenklicher, wenn eine Berufungsinstanz nicht stattfindet, und wenn das Geschworenengericht beseitigt wird, möchte es immerhin in anderer Hinsicht durch Zuziehung von Schöffen zur Urtheilsfällung ersetzt werden.

Es ist nicht lediglich historischer Zufall, daß der Inquisitionsproceß dem Angeschuldigten eine ganze Reihe von Rechtsmitteln in mehreren Instanzen eröffnete. Durch die Kritik, welche die Vertheidigung an dem Urtheile der früheren Instanz unbeschränkt üben konnte, erhielt der Angeschuldigte einen freilich nur beschränkten, aber doch nicht zu unterschätzenden Antheil der Parteirechte zurück, welche ihm in erster Instanz nicht gewährt wurden, wie denn der Richter, welcher die Entscheidung zu geben hatte, im Inquisitionsprocesse in den wichtigeren Fällen nach der Gesetzgebung der meisten Territorien nicht derjenige sein durfte, der die Untersuchung geführt hatte. Hiernach springt in die Augen, wie gefährlich (bei Uebereilungen!) ein Tribunal sein kann, in welchem der Vorsitzende inquisitorisch verfährt, ohne daß — bei gehöriger Wahrung der Formen — irgend die Möglichkeit einer Remedur, bezüglich der Feststellung der thatsächlichen Grundlagen des Urtheils bestände. Die Geschworenengerichte stehen hier — es ist dies freilich ein Punkt, den wir hier nur andeuten können — doch insofern anders, als der Vorsitzende im Geschworenengerichte den Beweis für die Ueberzeugung der Geschworenen, nicht aber wie bei einem rechtsgelehrten Gerichte oder einem Schöffengerichte für sich und für diejenigen führt, denen er auf eine formlose, nicht durch die Oeffentlichkeit und nicht durch die Parteien zu controlirende Weise seine Ansichten mittheilen kann.

In § 194 des Entwurfs ist nun zwar dem Vorsitzenden die Befugniß gegeben, die Vernehmung der Zeugen und Sachverständigen den Parteien zu überlassen. Hier aber gilt der Satz, daß die halbe Maßregel eine unwirksame ist. Das besondere an den Vorsitzenden gerichtete Verlangen, nicht selbst die Beweisaufnahme zu besorgen, sondern dieselbe der Partei zu überlassen, ist als solches leicht als Mißtrauensvotum gegen den Präsidenten aufzufassen, und vor diesem werden die Parteien sich hüten. Auch das preußische Gesetz von 1852 enthält eine derartige Bestimmung, von welcher fast nie Gebrauch gemacht ist. So dürfte es auch nach dem Entwurf sein, und wir vermögen eben wegen der Mißlichkeit eines Mißtrauensvotums gegen den in einem Schöffengerichte wahrlich höchst mächtigen Präsidenten keinen wesentlichen Unterschied darin zu entdecken, daß das preußische Gesetz auch noch die Zustimmung der Gegenpartei forderte.

Wir nehmen hier Gelegenheit, über die Stellung des Vorsitzenden nach dem Entwurfe ein Weniges zu bemerken. Die Motive verwahren sich feierlichst dagegen (vgl. S. 166), daß dem Präsidenten die sog. discretionäre Gewalt des französischen Rechts eingeräumt werde. Diese Gewalt, die übrigens keineswegs dahin geht, daß der Präsident sich über die Schranken des Proceßrechts beliebig hinwegsetzen könne, sondern (vgl. insbesondere die gute Erläuterung in der rev. hannoverschen Proceßordnung §. 143 Abs. 4) nur dahin, daß es lediglich vom Ermessen des Präsidenten abhängt, von den Parteien nicht oder nicht rechtzeitig benannte Beweismittel noch zu benutzen, kann gefährlich erscheinen; wir halten sie nicht dafür, wie denn aus Hannover uns keine Klagen darüber je bekannt geworden sind. Es kann im höchsten Interesse der materiellen Gerechtigkeit liegen, noch einen Zeugen, der sich z. B. aus dem Zuschauerraum plötzlich meldet, zu vernehmen; es kann aber nicht den Parteien eine Art Recht auf solche nachträgliche Vernehmungen eingeräumt werden, dadurch, daß man dieselben zum Gegenstande eines Gerichtsbeschlusses macht. Den scheinbar liberalen § 200 des Entwurfs, wonach verspätete Beweismittel doch selbst zu Gunsten der Anklage zulässig erscheinen, halten wir dem gegenüber gerade für gefährlich. Ohne bestimmte Parteirechte, insbesondere der Angeklagten, sollte man nicht von einem Anklageprocesse reden. Es leuchtet ein, wie sehr ein verhafteter Angeklagter durch Bestimmungen, welche thatsächlich die Staatsanwaltschaft von aller Beobachtung von Fristen bei Mittheilung der Beweismittel entbinden, gefährdet werden kann — und dabei giebt es keine Berufung!

Dagegen will es uns durchaus nicht angemessen scheinen, daß die unmittelbare Vorlegung einzelner Fragen zwar nicht den Parteien, wohl aber den beisitzenden Richtern und den Schöffen vom Vorsitzenden soll untersagt werden können. Unseres Erachtens entspricht das nicht der collegialen Stellung der Gerichtsmitglieder. Es ist nur zu verlangen, daß die Beisitzer den Vorsitzenden vorher um das Wort ersuchen. So war es z. B. auch bestimmt in der hannoverschen revidirten Strafproceßordnung und so ist es bestimmt in der österreichischen Proceßordnung § 249, ebenso aber auch in der würtembergischen Proceßordnung Art. 308, und zwar hier, wie in den beiden andern genannten Proceßordnungen, auch für die Geschworenen. Daß dadurch in Hannover z. B. Unzuträglichkeiten erwachsen wären, ist uns aus früherer Praxis nie bekannt geworden. Aber in den Worten der Motive S. 168, daß durch ein solches Fragerecht der Beisitzer der Plan der Vernehmung des Vorsitzenden durchkreuzt, ihm seine schwierige Aufgabe bis zum Unerträglichen erschwert werden könnte, scheint ein leises Mißtrauen gegen die vortrefflichen Schöffen der Zukunft hervorzuschimmern!

Noch weniger können wir selbstverständlich uns dafür erklären, daß der Entwurf § 196 im Widerspruche mit § 199, wonach den Umfang der Beweisaufnahme das Gericht bestimmen soll, dem Vorsitzenden ohne Möglichkeit der Berufung auf einen Anspruch des Gerichts das Recht giebt, nicht zur Sache gehörige (d. h. nach Ansicht des Präsidenten nicht zur Sache gehörige) Fragen zurückzuweisen. Wir verweisen dagegen z. B. auch auf die revidirte hannoversche Strafproceßordnung § 143 Abs. 6 und die württembergische St.-P.-O. Art. 308 a. E. Nach unserer Meinung ist das eine sehr gefährliche Art der discretionären Gewalt!

Wer auch nur oberflächlich die Geschichte des deutschen Strafprocesses kennt, dem kann die enge Verbindung des Inquisitionsprincips mit der Schriftlichkeit des Verfahrens nicht fremd sein. So ist denn auch in dem modernen Strafverfahren trotz der proclamirten Mündlichkeit ein gutes Stück Schriftlichkeit stecken geblieben. Es wird sich nicht bezweifeln lassen, daß in vielen Fällen der Vorsitzende die Voruntersuchungsacten aus dem Angeklagten und den Zeugen wieder herausexaminirt, und alle an sich wohlgemeinten Vorschriften über die Unzulässigkeit der Verlesung von Schriftstücken in der Hauptverhandlung können eben nur die gröbsten Verletzungen des Mündlichkeitsprincips, nicht aber dieses fast beständige und naturnothwendige, leise, aber darum nicht minder bedenkliche Hereinziehen der Voruntersuchung hindern. Denn wie soll der Vorsitzende, wenn er unparteiisch examiniren soll, da er doch mit einer gewissen Sachkunde einem gewissen Plane procediren soll, anders verfahren? Die Partei steht hier anders, sie arbeitet auf ein anderes Ziel hin, und das weiß man von ihr. Ganz richtig erkennen die Motive S. 172 auch an, daß gerade bei Beseitigung der Berufungsinstanz, welche nur des Mündlichkeitsprincips wegen erfolgt, strictere Vorschriften über die Innehaltung des Mündlichkeitsprincips nothwendig sind. Hier erscheint uns aber der § 206 doch noch zu lax, insofern er eine Verlesung von Protokollen zur Unterstützung des Gedächtnisses des Vernommenen gestattet. Damit läßt fast bei jedem etwas langsam aussagenden Zeugen die Verlesung sich rechtfertigen. Unserer Ansicht nach dürfte die Verlesung nur zur Feststellung offenbarer Widersprüche benutzt werden, nicht auch, wie der Entwurf ferner will, zur Hebung von Widersprüchen. Doch wird das Alles keinen wesentlichen Schutz gewähren, wenn nicht die formelle Sanction hinzutritt, daß die Verlesung nur kraft Gerichtsbeschlusses geschehen kann. Freilich sind hier die in Aussicht genommenen Schöffen wiederum nicht unbedenklich, während in einem aus rechtsgelehrten Richtern zusammengesetzten Collegium dergleichen Beschlüsse, wo nöthig, leicht und schnell sich fassen lassen.

Uebersehen ist dagegen vom Entwurfe ein Fall, in welchem die Verlesung von Aussagen auch noch zulässig sein muß, den auch die östereichische Proceßordnung § 252 hervorhebt, der Fall nämlich, daß Zeugen, ohne dazu berechtigt zu sein, nachdem sie in der Voruntersuchung ausgesagt, in der Hauptverhandlung ihr Zeugniß verweigern.

Von besonderer Wichtigkeit gerade bei einer Ausschließung der Berufung ist es auch, daß das Gericht nicht ohne die Möglichkeit einer besonderen Vertheidigung des Angeklagten auch hierauf, die Beurtheilung der That aus einem anderen als dem von der Anklage hervorgehobenen strafrechtlichen Gesichtspunkte vornehme; denn Ueberraschungen sind in einem Verfahren ohne Berufung geradezu eine Justizverweigerung. Der Entwurf enthält denn auch im § 215 eine hierauf abzielende Bestimmung. Dieselbe schützt aber den Angeklagten nicht genügend, da ihm nicht unbedingt das Recht zugestanden wird, Aussetzung der Sache zu fordern. Es muß auch hier darauf hingewiesen werden, daß in einem Anklageverfahren die erheblichsten Parteirechte nicht wieder vom Ermessen des Gerichts abhängen dürfen, und man bedenke nur, daß, wenn das Gericht hier übereilt verfährt, auf eine verkehrte Nichtanwendung der in sein Ermessen gestellten Vertagung eine Nichtigkeitsbeschwerde nicht gegründet werden kann. In den meisten Fällen, wo wirklich sofort abgeurtheilt werden kann, wird die Zustimmung des Angeklagten eventuell leicht zu erlangen sein; denn bei zweifelloser Schuld wird er meistens durch Verweigerung derselben seine Haft nur verlängern. Außerdem ist es gut, daß die Staatsanwaltschaft bei Formulirung der Anklage nicht zu nachlässig verfahre und in Folge der Nachlässigkeit nicht noch mit besonderen Vortheilen über den Angeklagten ausgestattet werde. Eine nachlässige Formulirung der Anklage entzieht dem ganzen Processe die sichere Grundlage. Uebrigens gilt hier selbstverständlich der Satz, daß in dem Majus auch das Minus mitenthalten sei, daß also, wenn die Thatsachen dieselben bleiben, das Gericht wegen einer minder strafbaren Modalität desselben Delictes stets verurtheilen darf, z. B. wegen Beihülfe, wenn die Anklage auf Urheberschaft sich richtete.

IV.

Der Entwurf hat sich zu dem wichtigen bereits in einigen deutschen Staaten erfolgten Schritte entschlossen (den jetzt im Wesentlichen auch die östereichische Gesetzgebung thut): die Berufung im Strafverfahren abzuschaffen. Wir wollen selbstverständlich hier nicht diese Principienfrage erörtern; wir sind damit einverstanden, daß die Beseitigung der bisherigen Berufung, soweit sie thatsächliche Feststellungen des Urtheils betrifft, eine Consequenz des Mündlichkeitsprincips ist, und möchten allen Denjenigen, welche in Kürze über die unserer Ansicht nach durchschlagenden Gründe sich unterrichten wollen, verweisen auf die Rede, welche der österreichische Justizminister Glaser im österreichischen Abgeordetenhause (Stenographische Berichte der VII. Session S. 768) am 25. Mai 1872 gehalten hat.[21])

Die Beseitigung der Berufung setzt aber voraus, daß dem Angeklagten die Garantien, welche ihm die Berufung nach dem ersten Urtheile gewährte, in reichlichem Maaße vor demselben ersetzt werden, und daß soweit dies ausnahmsweise nicht möglich ist, durch eine Erweiterung, bezw. zweckmäßige Behandlung anderer beizubehaltender Rechtsmittel (Nichtigkeitsbeschwerde, Wiederaufnahme des Verfahrens nach rechtskräftigem Urtheile) geholfen werde.

Halten wir uns zunächst an die ersteren vor dem Urtheile zu beschaffenden Garantieen, so finden wir eine ganz wesentliche Funktion der Berufung in dem Schutze vor Uebereilungen. Die Gegner der Berufung sind leicht geneigt, den Werth dieses Schutzes nicht hoch genug anzuschlagen, und der Werth statistischer Berichte über die verhältnißmäßig geringe Zahl der Einlegungen eines Rechtsmittels und über den Erfolg, welcher in den Fällen der Einlegung erzielt wurde, pflegt andererseits überschätzt zu werden. Der Werth von Einrichtungen der Rechtspflege ist nicht lediglich nach äußerlich greifbaren Resultaten zu messen, so wenig als der Werth geordneter Rechtspflege überhaupt gemessen werden darf an der Zahl der entschiedenen Processe. Wie einerseits es für die umsichtige Thätigkeit der Gerichte günstig wirkt, daß eine Kritik in höherer Instanz Platz greifen kann, in welcher der ganze Rechtsfall ohne die beengenden Schranken der Nichtigkeitsbeschwerde (Revision des Entwurfs) klar gelegt wird, so ist andererseits für jeden Staatsangehörigen das Bewußtsein hiervon von nicht geringem, gleichsam idealem Werthe. Dennoch muß diese Erwägung der Rücksicht weichen, daß die Mündlichkeit (richtiger Unmittelbarkeit der Verhandlung vor dem erkennenden Richter) im Ganzen die besten Garantieen gerechter Rechtsprechung liefert, und daß mit ihr, wenn sie vollständig durchgeführt wird, eine Berufungsinstanz, womit jede mit dem ersten Urtheil unzufriedene Partei ohne Weiteres ein neues Verfahren und ein neues Urtheil soll fordern können, unverträglich ist.

---

[21]) Vgl. auch z. B. Schwarze: Die zweite Instanz im mündlichen Strafverfahren. Wien 1862, aus neuerer Zeit Zachariae in Goltdammer's Archiv f. Deutsches Strafrecht 1871 S. 209 ff. Sehr instructiv sind übrigens auch die gutachtlichen Berichte über diese Fragen, welche das Reichskanzleramt aus den einzelnen deutschen Staaten herangezogen hat und die in den Anlagen der Motive S. 1—95 mitgetheilt sind, von denen einige sich allerdings für die Berufung aussprechen.

Die Gefahr der Uebereilung aber wird nur vermieden durch eine sorgfältige Vorbereitung der Hauptverhandlung und gewissenhafte Wahrung des Parteirechtes des Angeklagten. Was in dieser Hinsicht uns an dem Entwurfe mangelhaft erscheint, haben wir bereits in den beiden vorhergehenden Abschnitten auseinandergesetzt. Mit Rücksicht darauf jedoch, daß in einigen kleinen Staaten, in welchen eine Berufung nicht besteht, der Mangel derselben nicht fühlbar geworden ist, möchten wir besonders noch hinweisen auf die würdigen und freien Worte, welche sich in dem Berichte des braunschweigischen höchsten Landesgerichts (Anlagen der Motive S. 48) finden:

„Es bedarf kaum der Bemerkung, daß wir die Garantien nicht allein in der Einstimmigkeit (der Urtheilenden),[22]) sondern zugleich in der gesammten Anlage unseres Strafverfahrens finden. Der Staatsanwalt kann begreiflich eine von der hiesigen sehr verschiedene Stellung angewiesen erhalten, die Voruntersuchung läßt sich als wahre Inquisition denken, bei der Hauptverhandlung kann, statt des ruhigen und würdigen richterlichen Ganges mit wesentlicher Gleichheit der processualischen Rechte und Pflichten, der Gesichtspunkt eines schlanken und geschäftsmäßigen Abmachens an die Spitze gestellt worden. Fragt man alsdann, ob derartige mehr büreaukratische Erledigungen auf Grundlagen von überwiegend polizeilicher Richtung nach unserer Ansicht als vertrauenswürdige gerichtliche Entscheidungen erster und letzter Instanz gelten können, so müssen wir hierauf mit einem unbedingten „Nein" antworten. Das Gebäude ist nicht dasselbe, wenn man die Bausteine umwandelt und die Structuren wesentlich verändert."

Nun gewährt aber erstens, wie wir glauben und oben zu zeigen versuchten, die braunschweigische Strafproceßordnung mehrere Garantien, welche der neue Entwurf nicht giebt; zweitens ist was man auch sagen möge, die Gefahr (nicht, bitten wir zu bemerken, die Nothwendigkeit) schlanken geschäftsmäßigen Abmachens der Natur der Dinge nach in einem großen Staate mit großen Bevölkerungscentren und andererseits sehr entlegenen Gerichtsorten größer als in einem kleinen Staate, und drittens ist es einem kleinen (noch dazu sehr wohlhabenden) Staate naturgemäß leichter, einen durchweg ausgezeichneten Richterstand sich zu schaffen, als einem großen Staate. Eine besondere Garantie aber finden wir und ebenso die sämmtlichen Proceßgesetze, welche zur Beseitigung der Berufung geschritten sind, in einer größeren Stimmenzahl, welche zur Verur-

---

[22]) Davon sogleich unten.

theilung des Angeklagten erforderlich ist. Die würtembergische Strafproceßordnung verlangt wie die badische Strafproceßordnung und die hamburgische von fünf Stimmen bei den mittleren Strafgerichten vier, die sächsische von sieben Stimmen fünf, die neue österreichische Strafproceßordnung (§ 13) von vier Stimmen drei, während die braunschweigische und die oldenburgische Einstimmigkeit bei drei Richtern fordern. (Die Stimmenverhältnisse im Geschworenengericht können hier außer Betracht bleiben, da die Zahl der urtheilenden Geschworenen eine bedeutend größere ist, als die Zahl der in andern Fällen urtheilenden Richter, andererseits das Hinzutreten oder doch die Controle des Gerichtshofes die Sachlage ändert, und in dem unbedingten Recusationsrechte des Angeklagten eine Garantie liegt, welche bei ständigen Richtercollegien oder auch Schöffengerichten fehlt.)

Der Entwurf verlangt nach § 213 stets nur Majorität von zwei Dritteln der Stimmen. Es ist das ein dem Angeklagten weit ungünstigeres Stimmenverhältniß als nach den sämmtlichen genannten Strafproceßgesetzen, und unseres Erachtens bei einem theilweise aus Laien, theilweise aus rechtsgelehrten Richtern zusammengesetzten Collegium, wo es, wie die Motive selbst in anderer Beziehung anerkennen, thatsächlich nicht zu hindern ist, daß einmal ungeeignete Laien hineinkommen, eine viel zn schwache Garantie.

Aus dem Entwurfe, der in dieser Beziehung auf den noch ausstehenden Entwurf eines Gerichtsorganisationsgesetzes verweist, ist freilich die Zusammensetzung der großen, mittleren und kleinen Schöffengerichte nicht zu ersehen.

Wenn aber z. B. die kleinen Schöffengerichte aus 3 Mitgliedern bestehen sollen, einem Richter und zwei Schöffen, — und eine andere Zusammensetzung ist ohne allzugroße Belastung des Laienstandes wie des Richterpersonals bei der Unmasse z. B. von Polizeidelicten und Contraventionen kaum erfindlich — so ist die Zwei-Drittelmajorität hier nichts Anderes als eine einfache Majorität, und dasselbe findet statt, wenn das Collegium für die mittleren Schöffengerichte aus sechs Mitgliedern zusammengesetzt ist. Ueberhaupt wird man noch die Erfahrung machen, daß die so sehr als harmonisch bezeichnete Schöffengerichtsverfassung thatsächlich sehr schwer harmonisch herzustellen ist, wenn man bei den Abstufungen der Gerichte Harmonie haben will und rechtes Verhältniß in den zur Verurtheilung nöthigen Stimmen und in den Zahlen der Laien und der rechtsgelehrten Richter.

Indem wir es nun als ein jedenfalls schädliches Omissum bezeichnen, daß der Entwurf keine Bestimmung trifft über die Abstimmungsart — namentlich über die durchaus nothwendige Trennung[23]) der Schuld- von der Straffrage, während die braunschweigische Strafproceßordnung sogar stets eine besondere Verkündigung jenes ersten Theils des Urtheils vorschreibt — glauben wir ganz besonders darauf aufmerksam machen zu müssen, daß der Entwurf, indem er gegen die Erkenntniß der kleinen Schöffengerichte die Berufung abschneidet, ein höchst gefährliches legislatives Experiment macht. Anscheinend ist auch hier wieder größte Harmonie vorhanden. In Wahrheit aber verhält es sich anders. Die Beseitigung der Berufung wirkt ganz anders in einem mehr mit schützenden Formen umgebenen, sorgfältiger vorbereiteten und regelmäßig, bei den Strafgerichten höchster Ordnung nothwendig unter Zuziehung eines rechtsgelehrten Vertheidigers vor sich gehenden Verfahren, als in einem mehr formlosen Verfahren, wie es bei den mit vielen Bagatellen belasteten untersten Strafgerichten gesetzlich und mehr noch nach der Praxis stattfinden wird. Einerseits sind hier Uebereilungen, Abschneidung der Vertheidigung, ohne daß doch letztere sich durch das summarische Sitzungsprotokoll nachweisen läßt, ganz wesentlich mehr zu befürchten, und andererseits wird es bei der mangelnden Formenstrenge, insbesondere bei der nur selten vorkommenden rechtsgelehrten Vertheidigung schwierig, dem Urtheile zum Grunde liegende rechtliche Fehler zum Zwecke einer Nichtigkeitsbeschwerde (Revision) im Urtheile auch genügend erkennbar zu machen. Uns schweben doch mehrfache Fälle in der Erinnerung, wo Jemand von einem Schöffengerichte in Folge ganz unrichtiger Beurtheilung der Rechtsfrage auf den Titel eines Delictes verurtheilt war, das seine Ehre unrettbar schädigen mußte. Im Verfahren eines gehörig besetzten Collegialgerichts wären derartige Fehler vermuthlich nicht gemacht worden — einfach schon deßhalb, weil die Strafgerichte mittlerer Ordnung mit größerer Ruhe procediren und procediren können. Aber keine Nichtigkeitsbeschwerde der Welt hätte den Flecken der Ehre wieder abwaschen können, während mit der Berufung dies ein Leichtes war. So haben denn auch die neueren Gesetzgebungen — mit alleiniger Ausnahme der braunschweigischen, welche aber dem Einzelrichter eine höchst

---

[23]) Doppelt nothwendig in einem zum Theil aus Laien zusammengesetzten Collegium, die geneigt sind, beide Fragen mit einander zu vermischen. — Die ungehörige Verbindung von Schuld- und Straffrage entzieht der Nichtigkeitsbeschwerde (Revision) allen sicheren Boden.

beschränkte Competenz zuweist, des oldenburgischen[24]) Gesetzes von 1868, welches Einstimmigkeit der mehreren Urtheiler verlangt, endlich der würtembergischen Proceßordnung, welche auch die untersten Gerichte sehr stark[25]) besetzt hat — im Einzelrichterverfahren die Berufung (Recurs) beibehalten, die eine Anfechtung der thatsächlichen Feststellungen gestattet, so noch neuerdings die österreichische Proceßordnung (§ 413), obgleich deren Verfasser sonst ein anerkannter Gegner der Berufung ist. Und zur Bestätigung, daß dies ein richtiges Princip sei, dürfen wir nun auch auf den Entwurf der deutschen Civilproceßordnung verweisen. Der Entwurf der norddeutschen Civilproceßordnung wollte die Berufung in einem großen Theile der den Einzelrichtern zugewiesenen Sachen nicht. Der spätere Entwurf der deutschen Civilproceßordnung giebt umgekehrt die Berufung in den letzteren, nicht aber in den größeren den Collegialgerichten zugewiesenen Sachen, und der Grund weßhalb dies geschieht, liegt ebensowohl in der größeren Formlosigkeit des Verfahren, dem mangelnden Anwaltszwange, als in der nichtcollegialischen Besetzung des Gerichtes erster Instanz.

Die neue österreichische Strafproceßordnung, obschon eine Berufung über die Schuldfrage gegen collegialgerichtliche Urtheile ausschließend, kennt gleichwohl eine Berufung über die Straffrage, das königlich sächsische Strafproceßrecht wenigstens zu Gunsten des Verurtheilten. Wenngleich nun das in den Anlagen der Motive S. 35 mitgetheilte Schreiben des königl. sächsischen Justizministeriums wenig Gewicht auf die Beibehaltung dieser, vom braunschweigischen Obergerichte (das. S. 49) für bedenklich erachteten, Einrichtung legt, so wäre denn doch zu erörtern, ob nicht schließlich bei den thatsächlich schon sehr weiten Strafrahmen des deutschen Strafgesetzbuches, bei der Appellation an ein ganz unbestimmtes subjectives Gefühl, wie solche liegt in der Annahme mildernder Umstände, ein derartiges Correctiv gegen eine allzu ungleichmäßige Strafzumessung, welche die Rechtseinheit thatsächlich illusorisch macht, sich als nothwendig ergeben möchte. In einem Lande von der Größe des Königreichs Sachsen, das noch dazu einen so regen Verkehr hat, mag nicht nothwendig sein, was in dieser Beziehung einem Lande von der Ausdehnung des cisleithanischen Oesterreichs oder des deutschen

---

[24]) Es bedarf wohl kaum der Bemerkung, daß die Verhältnisse Oldenburgs, eines Landes, in welchem es nicht einmal eine sog. Mittelstadt giebt, nicht für das Deutsche Reich maßgebend sein können. Ein so massenhaftes Aburtheilen von Polizeisachen wie in großen Städten wird dort nicht vorkommen.

[25]) Majorität von 4 Stimmen ist erforderlich nach Art. 411.

Reichs angemessen ist. Doch wollen wir diese Frage, wie die fernere, ob nicht auf einem anderen Wege als dem einer beschränkten Berufung geholfen werden könne, hier als eine zu weit führende nur aufwerfen, nicht erörtern.

Da wir diese Kritik aus mehreren Gründen nicht übermäßig ausdehnen wollen, müssen wir uns auch vorbehalten, die Bestimmungen des Entwurfs über die Nichtigkeitsbeschwerde (Revision) und insbesondere über die Wiederaufhebung eines rechtskräftigen Urtheils an einem anderen Orte zu erörtern. Völlig befriedigt sind wir durch dieselben nicht. Um auf einen wichtigen, obgleich zunächst nur redactionellen Punkt hinzuweisen, so muß es, § 250 Nr. 7 unter den Nichtigkeitsgründen heißen, nicht

„wenn das Urtheil keine Entscheidungsgründe enthält",

sondern

„wenn das Urtheil keine oder (nach Ansicht des Revisionsgerichtes) offenbar ungenügende Entscheidungsgründe enthält."

Ohne dies würde es thatsächlich im Belieben des Untergerichtes stehen, durch ganz allgemein gefaßte Entscheidungsgründe jede Nachprüfung der Rechtsfrage in der Revisionsinstanz illusorisch zu machen.

V.

Von einzelnen wichtigen Bestimmungen des Entwurfs erwähnen wir hier nur folgende:

1) Der Entwurf hält im Anschluß an das frühere gemeine und an das bisherige preußische Recht, im Widerspruch aber mit den in den meisten neueren Strafproceßgesetzen[26]) angenommenen Principe fest an der Gleichberechtigung der Gerichtsstände des Orts der Handlung und des Wohnorts des Angeklagten. Die Motive berufen sich nun freilich auf die badische und die braunschweigische Strafproceßordnung und darauf, daß gerade das Princip der Mündlichkeit eine Auswahl unter mehreren Gerichtsständen wünschenswerth mache, da in zahlreichen Untersuchungssachen die für die Sache wesentlichen Zeugen nicht im Bezirke des Orts der Handlung, sondern in der Nähe des Wohn- oder persönlichen Aufenthaltsortes des Angeklagten wohnen.

[26]) Vgl. Planck, Deutsches Strafverfahren S. 76, würtemberg. St.-P.-O. Art. 33.

Wir sind indeß der Meinung, daß bei allen wichtigeren Strafsachen irgend welche Willkür des Anklägers in der Auswahl des entscheidenden Richters — und je mehr Laien an der Rechtspflege Theil nehmen um so mehr können allgemeine Antipathien und Sympathien der Bevölkerung wichtig werden — ausgeschlossen sein müsse. Die Verhältnisse des großen deutschen Reiches sind ferner nicht die eines kleineren oder mittleren deutschen Einzelstaates, und sehr wesentlich kommt es hier doch auch in Betracht, daß die deutschen Staaten noch in gewissen Beziehungen als selbständige zu betrachten sind. Die Motive (S. 14) meinen zwar, nach § 8 des deutschen Strafgesetzbuchs sei kein deutscher Staat im Verhältniß zu einem andern als Ausland zu betrachten, und dieser Satz, der auch für das Strafverfahren gelten müsse, führe nothwendig dahin, daß es nicht mehr darauf ankomme, welchem Staate das entscheidende oder untersuchende Gericht angehöre. Ein Streit über die Zuständigkeit unter den Gerichten verschiedener Bundesstaaten könne künftig nur aus denselben Gründen vorkommen, wie unter den Gerichten eines und desselben Staates und werde dann durch den gemeinsamen höchsten Gerichtshof entschieden. Hierbei ist übersehen das für den Angeklagten und noch mehr den Verurtheilten höchst wichtige Begnadigungsrecht, welches ja nicht den Gerichten, sondern dem Souverain zusteht. Bereits früher haben wir darauf aufmerksam gemacht, daß, wenn das ganze Gebiet des Reichs (damals des norddeutschen Bundes) strafrechtlich als Einheit gelten solle, eine Regelung für die Zuständigkeit der Begnadigung unumgänglich sein werde und zu diesem Zwecke Vorschläge gemacht,[27]) die wir auch jetzt noch für angemessen erachten müssen. Da bis jetzt nach § 21 des Rechtshülfegesetzes vom 21. Juni 1869 das Forum delicti commissi noch als der wesentlich entscheidende Gerichtsstand für die Rechtshülfe angesehen wird, so sind Collisionen hier nicht eben bemerklich geworden. Bei einer Gleichstellung verschiedener Gerichtsstände könnte diese Sache aber doch bedenklich werden. Da wir nun aber gleichwohl nicht verkennen, daß ein starres Festhalten des Gerichtsstandes des Orts der Handlung unter Umständen die Untersuchung vertheuern, verlangsamen und für die Zeugen lästiger machen kann, so schlagen wir im theilweisen Anschluß an §§ 51 und 52 der neuen österreichischen Strafproceßordnung, die doch nicht minder als der Entwurf das Princip der Mündlichkeit verwirklichen will, vor, daß zwar innerhalb des-

---

[27]) Goltdammer's Archiv 1870 S. 90 ff. — Vgl. darüber auch die (vor diesem Aufsatze erschienenen) staats- und strafrechtlichen Erörterungen Heinze's zu dem Entwurfe eines Strafgesetzbuches für den deutschen Bund. S. 77.

selben Staates auch das Gericht des Domicils oder des gewöhnlichen Aufenthaltsortes zuständig sei, jedoch jeder der Beschuldigten die Abgabe der Untersuchung an das Gericht des Ortes der That verlangen könne. Diese Befugniß würde erlöschen, wenn der Beschuldigte auf Befragen keinen Gebrauch davon macht; denn allerdings kann, wenn einmal das Anklageprincip gelten soll, in gewissem Umfange der Wille des Beschuldigten hier als entscheidend betrachtet werden.

Dagegen glauben wir — um dies noch in diesem Zusammenhange zu berühren — die (aus dem bisherigen preußischen Rechte entnommene) Vorschrift des § 11 des Entwurfs, wonach der Beschuldigte die Einrede der territorialen Unzuständigkeit bei Verlust derselben bei seiner ersten Vernehmung in der Voruntersuchung geltend machen muß, als eine unangemessene bezeichnen zu müssen. Einem rechtsunkundigen Beschuldigten wird dadurch die Einrede der Incompetenz geradezu abgeschnitten, und dies ist z. B. schon wegen des Begnadigungsrechtes der verschiedenen deutschen Staaten bei einer Proceßordnung für das gesammte Reich noch wichtiger. Dagegen läßt es sich allerdings mit gutem Grunde vertheidigen, daß die Einrede sogleich bei Beginn der Hauptverhandlung vorgebracht werden muß. Diese Bestimmung — und nicht einmal in dieser Strenge — galt in Hannover[28]) und man ist sehr gut damit ausgekommen und wird damit auch auskommen, da eine etwaige Unzuständigkeit des Untersuchungsgerichts in der Voruntersuchung keineswegs dessen Handlungen ohne Weiteres nichtig macht, sofern es eben nur nicht fehlt an dem territorialen Gerichtszwange für die Handlung. Uebrigens ist bei den §§ 10. 11 des Entwurfs noch eine redactionelle Ungenauigkeit zu rügen. Es muß heißen[29]) „die auf die territoriale Abgrenzung der Gerichtsbezirke gestützte Unzuständigkeit.“ Denn eine sachliche Unzuständigkeit wird doch, abgesehen von dem Falle, daß ein leichterer Straffall vor ein Strafgericht höherer Ordnung gebracht ist, stets bis zum Urtheile geltend gemacht werden können.

2) Ohne Zweifel einer der wichtigsten Punkte des Strafprocesses, weil einerseits bei richtiger Regelung die wahrhafte Gewähr[30]) der

---

[28]) Vgl. revidirte St.-P.-O. § 221. 2). Es war nur die Nichtigkeitsbeschwerde ausgeschlossen, wenn der Unzuständigkeitsgrund nicht schon vor dem erkennenden Gericht geltend gemacht wird.

[29]) Vgl. auch die rev. hannov. St.-P.-O. a. a. O.

[30]) Ueber die geringe Bedeutung des angeblichen „Palladiums der Freiheit“, welches man in den Bestimmungen der preußischen Verfassungsurkunde glaubte entdeckt zu haben, vgl. Sontag, Die Entlassung gegen Caution im deutschen Strafverfahren. S. 105 ff.

persönlichen Freiheit, andererseits aber ein oft überwältigendes Präjudiz für den ganzen Verlauf des Processes, ist die Verhaftung des Angeschuldigten, und hier bleibt der Entwurf, trotz aller Ausführungen der Motive, durchaus beeinflußt von dem bisherigen preußischen noch wesentlich auf der Criminalordnung von 1805 ruhenden Rechte, weit hinter den Garantien der Freiheit anderer deutscher Strafproceßordnungen zurück.

a. Der Entwurf behält die Collusionshaft, deren Zulässigkeit z. B. Zachariae (Handb. d. Strafprocesses II. S. 137) überhaupt lebhaft bestreitet,[31]) in vollem Umfange und ohne Beschränkungen bei. Wir gehen nicht so weit. Es kann Fälle geben, wo der Verdächtige seine Freiheit sofort benutzen würde, um vorhandene Spuren der That zu vernichten. Dagegen ist es durch nichts gerechtfertigt, die Collusionshaft in der Weise des Inquisitionsprocesses auf die Gefahr einer Verabredung mit Zeugen oder Mitschuldigen auszudehnen.[32]) Diese Gefahr liegt, wenn man will, eigentlich in jedem Falle vor und dauert auch eigentlich so lange fort, bis die Zeugen eidlich, die Mitschuldigen vor dem erkennenden Gericht vernommen sind. Diese Art der Collusionshaft — nicht die Collusionshaft überhaupt, wie Zachariae will — ist auch mit dem Principe des Anklageprocesses unverträglich. Denn die Gefahr der Verabredung mit Zeugen ist durch die auf Meineid gesetzten Strafen im Allgemeinen als beseitigt zu betrachten. Die Verhängung der Haft aber wegen befürchteter Verabredung mit Mitschuldigen kann nur zurückgeführt werden auf ein Recht des Staats, ein Geständniß zu erlangen, d. h. mit anderen Worten auf das reine, nackte Inquisitonsprincip, nach welchem es wohl als Pflicht des Untersuchungsrichters betrachtet wurde, zuerst einmal alle Verdächtigen durch Gefängniß mürbe zu machen. Gerade diese Collusionshaft ist aber auch deshalb gefährlich, weil ihr Grund nicht augenfällig mit der Aufnahme des sog. objectiven Thatbestandes aufhört.

Jedenfalls würde sich übrigens empfehlen in Uebereinstimmung mit der wüttembergischen Strafproceßordnung Art. 90 hinzuzufügen, daß die Collusionshaft unverzüglich aufzuheben sei, sobald die dieselbe veranlassende Gefahr vorüber ist. Vielleicht wird darauf erwidert, das sei nach §. 109 selbstverständlich. Gerade bei der Verhaftung ist aber eine gewisse Ausführlichkeit der gesetzlichen Bestimmungen, welche gleichsam auch äußer-

[31]) Zachariae bezeichnet dieselbe als widersprechend dem accusatorischen Princip.

[32]) Vgl. darüber die Bemerkungen v. S. Mayer a. a. O. S. 19 ff., die wir durchaus für richtig halten.

lich ausdrückt, daß es sich hier um eines der wichtigsten Güter des Angeschuldigten, um die Rechtssicherheit Aller handelt, und welche den Richter auch gleichsam äußerlich zur Behutsamkeit auffordert, unserer Ansicht nach mehr am Platze, als eine blos elegante Kürze, die Alles als selbstverständlich betrachtet, aber dann dem Richter auch nie einen Verstoß gegen ein klares Gesetz nachzuweisen verstattet. Auch behaupten wir, daß die Aufnahme solcher Bestimmungen, auf deren Wortlaut sich der Beschuldigte berufen kann, keineswegs gleichgültig ist. Außerdem könnte doch höchst fraglich sein, ob nicht wie in der badischen Proceßordnung eine bestimmte Dauer vorgeschrieben werden sollte, über welche hinaus die Collusionshaft in keinem Falle ausgedehnt werden dürfte.

Die Motive — insofern allerdings in Uebereinstimmung mit Zachariae (a. a. O. S. 143) — halten eine solche Vorschrift für nicht angemessen und ziehen das richterliche Ermessen hier vor. Wir sind anderer Ansicht und glauben, daß gegen unbegründete Entziehung der Freiheit Fristbestimmungen, die nicht umgangen werden können, weit werthvoller sind, als Hinweisungen auf ein wohlmeinendes Ermessen. Nur darf die Frist nicht so lang bemessen sein, wie in der badischen Proceßordnung. Drei Tage für die mittleren, sieben für die schwersten Straffälle (bei den Polizeiübertretungen soll nach dem Entwurfe keine Collusionshaft [33]) eintreten) würden genügen. Auch das französische Gesetz vom 14. Juli 1865 sur la mise en liberté hat wenigstens für die minder wichtigen Straffälle mittlerer Ordnung eine solche Zeitbeschränkung.

b. Der Entwurf geht mit der Zulassung der Untersuchungshaft wegen Fluchtverdachtes sehr freigebig um. So ist ohne besondere Begründung dieses Verdachts die Verhaftung nach § 99 schon für zulässig erklärt, wenn das Delict auch nur mit 5 Jahr Zuchthaus oder Festungshaft, d. h. im Maximum, bedroht ist. Nach der neuen österreichischen Proceßordnung § 175 a. E. ist hier ein Delict erforderlich, bei welchem auf mindestens 5 Jahr Kerker zu erkennen ist, die Haft dann freilich obligatorisch. Nach der hannov. rev. Proceßordn. § 69 kam es auf die muthmaßlich zu erkennende (schwere) Strafe an, wodurch in vielen Fällen die Verhaftung ausgeschlossen wurde, und auch da wurde die Verhaftung keineswegs als ohne Weiteres begründet betrachtet oder auch nur als allgemeine Regel. Sodann aber ist die Haftentlassung gegen Caution im § 103 lediglich zum

---

[33]) Beiläufig bemerkt scheint uns die Bemerkung der Motive S. 86 nicht gerechtfertigt, daß das englische Recht auch eine Art von Collusionshaft kenne, da in gewissen Fällen die Haftentlassung gegen Caution ausgeschlossen oder beziehungsweise im richterlichen Ermessen stehe. Dies erklärt sich u. E. einfach aus der Schwere der fraglichen Delicte und ihrer Bedeutung für die öffentliche Ordnung.

Ermessen des Untersuchungsgerichts verstellt, während es als ein unbedingtes Recht des Angeschuldigten betrachtet werden muß, bei nicht schweren Verbrechensfällen gegen Caution auf freiem Fuße zu verbleiben.[34]) Abgesehen vom englischen Rechte können wir uns hier z. B. auch berufen auf die frühere revidirte hannoversche Strafproceßordnung § 73, die würtembergischen Strafproceßordnung Art. 114 und auf den sehr bestimmt lautenden § 192 der neuen österreichischen Proceßordnug:

„Sofern es sich nicht um ein Verbrechen handelt, bei welchem nach dem Gesetze auf die Todesstrafe, oder auf eine mindestens fünfjährige Kerkerstrafe zu erkennen ist, muß die wegen des Verdachtes der Flucht verhängte Haft gegen Caution oder Bürgschaft für eine von der Rathskammer . . . zu bestimmende Summe und gegen Ablegung des im § 191 erwähnten Gelöbnisses[35]) auf Verlangen unterbleiben oder aufgehoben werden."

Erfreulich ist es allerdings, daß in Uebereinstimmung mit den genannten Proceßgesetzen und den von Sontag entwickelten Grundsätzen, denen wir durchaus beitreten, der Entwurf die Entlassung gegen Caution bei schweren Verbrechen nicht mehr allgemein ausschließt.

c. Der Entwurf enthält über die Behandlung der Untersuchungsgefangenen nur die im Lapidarstyl gehaltene Vorschrift (§ 102)

„Den Verhafteten dürfen nur solche Beschränkungen auferlegt werden, welche zur Sicherung des Zweckes der Haft oder zur Aufrechterhaltung der Gefängnißordnung nothwendig sind."

Dieser Satz eignet sich vortrefflich als Einleitung für den Paragraphen eines Lehrbuches des Strafprocesses, welcher von der Untersuchungshaft handelt, und wir möchten ihn auch gern als einleitende Vorschrift behalten. Aber einen ausreichenden Schutz gegen verkehrte und rohe Behandlung der Untersuchungsgefangenen, und insbesondere Maßregelungen derselben, um ein Geständniß herbeizuführen, gewährt er in keiner Weise, z. B. nicht gegen ungerechtfertigtes Anlegen von Fesseln, unterlassene Absonderung der Untersuchungs- von Strafgefangenen, unberechtigtes Entziehen von Unterhaltungs- und Bequemlichkeitsmitteln. Und den etwaigen Einwand, daß diese Dinge nicht in eine Strafproceßordnung, sondern in eine Gefängnißordnung gehören, können wir nicht gelten lassen. Es handelt sich eben darum, die richtige Behandlung auch als ein Recht des Untersuchungsgefangenen

---

34) Vgl. hierüber namentlich Sontag a. a. O. S. 134 ff. S. 190.

35) Gelöbniß, sich nicht zu entfernen u. s. w.

hinzustellen. Man vergleiche doch der Vorschrift des § 102 gegenüber die Vorschriften der neuen österreichischen Strafproceßordnung §§ 183 bis 189, der badischen Strafproceßordnung §§ 177—182 und namentlich die sehr sorgsamen Bestimmungen der würtembergischen Proceßordnung Art. 106—113, welche letztere auch über die etwa nothwendig werdenden Disciplinarstrafen gegen Untersuchungsgefangene sich aussprechen.

d. Sehr richtig erschiene uns auch eine den Schluß des Art. 95 der würtembergischen Strafproceßordnung wiedergebende Vorschrift:

> „Im Falle einer aus Vorsatz oder grober Fahrlässigkeit widerrechtlich verfügten oder verlängerten Gefangenschaft ist der Schuldige dem Verletzten zur Genugthuung und vollen Entschädigung verpflichtet.
>
> Sollte die (zuerkannte)[36] Entschädigungssumme uneinbringlich sein, so hat die Staatskasse vorbehaltlich ihres Rückgriffs auf den Schuldigen einzutreten."

Die letztere Bestimmung ist es, worauf es uns wesentlich ankommt. Die Haftung des Staates wird jetzt vielfach in einer exorbitanten, nach unserer Ansicht oft ungerechtfertigten Weise in Anspruch genommen. Hier aber erscheint sie am Platze, wenn man bedenkt, daß auch durch Versehen selbst untergeordneter, zahlungsunfähiger Beamter Verhaftungen vorkommen oder fortdauern können.

Ja wir stellen zur Erwägung, ob nicht unter Umständen, wenn selbst ein Culpa eines Beamten nicht zum Grunde liegt, eine Entschädigung bei später erfolgter Freisprechung geleistet werden sollte, z. B. wenn der Beschuldigte noch nie mit einer anderen Freiheitsstrafe als Haft vorher bestraft war.[37])

3) Der Entwurf zeichnet sich durch eine ganz außerordentliche Strenge beim Zeugnißzwange aus.

Nach § 62 kann ein Zeuge, der ohne Grund sein Zeugniß weigert, abgesehen von Geldstrafen bis zum Gesammtbetrage von zweihundert Thalern, durch Zwangshaft bis zu **sechs Monaten** zur (eidlichen) Ablegung des Zeugnisses angehalten werden. Keine einzige der uns bekannten Preßordnungen geht über drei Monate hinaus, die meisten gehen nur bis 6 Wochen.[38]) Wenn die Motive zur Rechtfertigung der im Entwurfe angenommenen harten Bestimmung sich

---

[36]) Dieses Wort würden wir wegzulassen vorschlagen.

[37]) Auf rückfällige Verbrecher könnte selbstverständlich solche Bestimmung keine Anwendung finden.

[38]) Vgl. die Zusammenstellung in den Motiven S. 62 ff. und jetzt noch österreichische Proceßordnung § 160 (6 Wochen Arrest).

darauf berufen, daß bei geringerem Maximum des Zwanges es einem Reichen möglich sei, durch Entschädigung der Zeugen für die ihnen auferlegte geringe Haft sich Straflosigkeit zu erkaufen, so fragt sich, diese Möglichkeit zugegeben, ob denn gerade im deutschen Volke die Käuflichkeit schon zu dem Punkte gestiegen sei, daß im deutschen Reiche hier gleichsam der allerschlimmste sociale Zustand zum Ausgangspunkte der Gesetzgebung angenommen werden müsse, während andere und bisher auch die deutschen Staaten, soweit eine gesetzliche Regelung überhaupt vorhanden war, — in den altpreußischen Provinzen besteht solche bekanntlich nicht — mit einem geringeren Maximum sich begnügen konnten. Entscheidend aber für uns ist Folgendes. In den bei weitem meisten Fällen wird das Zeugniß nicht deßhalb verweigert, weil der Zeuge erkauft ist — denn der erkaufte Zeuge wird häufig, indem er einen Meineid auf sich nimmt, seinen Zweck sicherer erreichen — sondern weil ein anderes durchaus ehrenhaftes, sittliches und daher von der Gesetzgebung mit einer gewissen Schonung zu behandelndes Motiv, z. B. vertraute Freundschaft mit dem Angeklagten, das Verhältniß des Arztes zum Patienten ihm höher gilt als die staatsbürgerliche Pflicht. Derartige Verhältnisse berücksichtigt nun die Gesetzgebung in gewissem Umfange in der Befreiung vom Zeugnißzwange; sie kann aber bei letzterer nicht hinausgehen über bestimmte allgemein anerkannte und gleichsam *greifbare* Verhältnisse, wie denn z. B. ihr nur nahe Verwandtschaft, nicht aber vertraute Freundschaft ein Befreiungsgrund sein kann, und der Kreis der Befreiungsgründe ist im Entwurf §§ 43, 44 wahrlich *nicht*[30]) allzu weit gegriffen. Für solche Fälle paßt eine

---

[30]) Der Entwurf will:

1) nach § 44 nur den Vertheidiger, nicht aber den Rechtsbeistand in Civilsachen befreien. Diese letztere Befreiung *bestand* z. B. nach der rev. hannoverschen Strafproceßordnung § 95 (*nicht* nach der jetzt geltenden Proceßordnung für die neuen preußischen Provinzen); sie besteht nach der badischen P.=O. § 104 und nach der würtembergischen Art. 142 a. E. Wenn die Motive (S. 53) bemerken, der Anwalt stehe zwar zu seinem Clienten in einem Vertrauensverhältnisse, die Rücksicht darauf werde aber überwogen durch das Interesse der Strafrechtspflege, so gilt dem gegenüber das Wort eines englischen Schriftstellers, daß die Bekanntschaft des Publikums mit der Verpflichtung des Anwalts diese Beweisquelle im Wesentlichen verstopft. So wird das für den Rechtsverkehr so äußerst wichtige Vertrauen des Publikums zum Anwalt ohne nennenswerthen Gewinn für die Rechtspflege beeinträchtigt. In England und Nordamerika wird der Anwalt nur mit *Erlaubniß des Clienten* vernommen, dem er gedient hat, ohne diese sogar wegen des angenommenen öffentlichen Interesses von Amts wegen zurückgewiesen. *Best*, Law of evidence 6. edit. § 581. *Wharton*, Criminal law of the United States 6. edit. Vol. I. § 773. (Nicht in England, wohl aber in einigen Staaten Nordamerika's besteht ein Privilegium auch für Aerzte, welches letztere allerdings weit bedenklicher ist.)

mäßige Zwangsstrafe, nicht aber eine Strafe, welche durch ihre Härte den Charakter einer wirklichen Criminalstrafe anzunehmen scheint. Der Hinweis darauf aber, daß die Strafe gegen den Zeugen je nach richterlichem Ermessen bestimmt, also auch auf das Motiv der Zeugnißweigerung Rücksicht genommen werde, würde unseres Erachtens nicht gelten können. Schon die Höhe des Maximums influirt auf das richterliche Ermessen. Sodann führt die Auffassung der Maßregel, nicht als einer Strafe, sondern als einer Zwangsmaßregel, welche öfter in Anwendung kommen kann — eine Auffassung, welche der Entwurf zum Grunde legt, gegen die sich aber Vieles einwenden läßt, wenigstens wenn sie, bis zu den letzten Consequenzen verfolgt wird — von selbst bei fortdauerndem Widerstande des Zeugen leicht zur Erschöpfung des Maximums. Und endlich kann bei den wichtigsten und heiligsten Dingen des Einzelnen nicht Alles dem richterlichen Ermessen überlassen bleiben. Diesen Punkt kann man h. z. T. kaum genug wiederholen!

Sehr viel wirksamer als harte Strafen erscheint uns eine angemessene Behandlung der Zeugen, und unangemessen erscheint uns insbesondere die bisherige Art des deutschen Strafprocesses, welche den Zeugen gleich bei Beginn durch Befragung nach irgend welchen Bestrafungen, auch wenn diese mit seiner Glaubwürdigkeit nicht das mindeste zu schaffen haben, zwingt, sich vor dem Publikum selbst schlecht zu machen, und bekanntlich häufig Meineidsprocesse gegen Personen veranlaßt hat, die mit Recht glaubten, den Richter gehe für den vorliegenden Fall diese frühere Bestrafung nichts an, während sie, aller-

---

2) Der Entwurf § 46 befreit den Zeugen nur von der Beantwortung solcher Fragen, die ihn (oder nahe Verwandte) der Gefahr einer Strafverfolgung aussetzen würden. Dies ist zu eng. Der richtige, auch in England wenigstens im Wesentlichen anerkannte (vgl. Best, § 130) Satz ist der alte gemeinrechtliche, daß der Zeuge nicht zu seiner eigenen Schande aussagen zu braucht. So auch die rev. hannov. St.-P.-O. § 101. Diese St.-P.-O. befreit den Zeugen ebenfalls, wenn er einen pecuniären Schaden aus seiner Aussage zu befürchten hat. Dies geht wohl etwas zu weit. Die würtembergische P.-O. Art. 145 befreit den Zeugen, wenn die Antwort ihn der Gefahr unmittelbarer schwerer Vermögensnachtheile aussetzen würde.

Bei der aus dem französischen Processe überkommenen Neigung, in einem strafgerichtlichen Verfahren Dinge mit in die Verhandlung hineinzuziehen, die nicht die mindeste directe Beziehung zu dem begangenen Delicte haben und als Beweismomente reiner Wind sind — der englische Richter weist solche Punkte von vornherein mit Strenge zurück — ist es auch in anderer Hinsicht sehr wesentlich, daß die Zeugen einigen Schutz genießen. Das kommt der Strafrechtspflege indirect zu Gute. Ist der Zeuge ungehörigen Quälereien schutzlos preisgegeben, so wird Jeder es thunlichst vermeiden, Zeuge zu sein!

dings formell, einen Meineid schworen! Mit welcher Vorsicht und Behutsamkeit, der in Deutschland — man kann schwer sagen, aus welchen Gründen — mit besonderer Erbitterung jetzt so oft angegriffene englische Proceß hier verfährt, zeigt ein Blick in jedes Handbuch des englischen oder englisch-nordamerikanischen Beweisrechtes.

4) Der Entwurf will, wie die Motive zu § 63 ergeben, die Höhe der dem Zeugen zu bewilligenden Entschädigung den Landesgesetzgebungen überlassen.

Unserer Ansicht nach sollte das nicht sein. Die Pflicht des einem anderen Bundesstaate angehörenden Zeugen vor dem Proceßgerichte zu erscheinen, gründet sich auf das Reichsrecht. So muß auch sein Recht, Entschädigung zu fordern, und zwar auch dem Betrage nach, auf das Reichsrecht sich gründen. Wenn, wie es leicht kommen kann, ein Zeuge in einer wichtigen Sache eine Reise von 100 Meilen mit mehrtägigem Aufenthalte am Verhandlungsorte machen muß, so kann es nicht im Belieben einer sparsamen Einzelregierung liegen, die ihren Tarif etwa nach dem geringen Umfange ihres Landes abmißt, den Zeugen mit einem Minimum abzufinden, das bei weitem nicht die nothwendigen Reisekosten deckt. Mindestens muß also für die aus einem andern Bundesstaate requirirten und einem andern Bundesstaate angehörigen Zeugen von Reichs wegen ein Tarif aufgestellt werden.

Schluß.

Wir resümiren. Der Entwurf beruht auf folgender Grundlage:

1. er behält das Anklagemonopol in allen wirklich wesentlichen Beziehungen durchaus bei.

2. er macht den Staatsanwalt fast zum ausschließlichen Herrn der Vorbereitung der Hauptverhandlung, selbst bei einer Verhaftung des Verdächtigen, und behandelt die Verhaftung fast durchaus im Sinne des Inquisitionsprocesses.

3. er beschränkt die (rechtsgelehrte) Vertheidigung in der Vorbereitung des Hauptverfahrens in einer Weise, welche mit dem Wesen des Anklageprocesses und der Gleichheit der Parteien in Widerspruch steht und setzt fast überall an die Stelle fester Parteirechte ein unbegrenztes richterliches Ermessen.

4. er hält im Wesentlichen fest an der inquisitorischen Hauptverhandlung und verletzt dadurch ebenso die Anklageform, (wie die Motive sich ausdrücken) wie das Anklageprincip und die Mündlichkeit gerade im entscheidenden Zeitpunkte.

Wir fragen, ob unter diesen Umständen

5. die Aufhebung der Berufung, welche unter den erforderlichen Voraussetzungen freilich als Fortschritt und gleichsam letzte Consequenz des Mündlichkeits- und Anklageprincips zu betrachten ist,[40]) wirklich einen mit der nöthigen Garantie für den Angeklagten versehenen Fortschritt enthalte?

Um schließlich eine naheliegende Vergleichung nicht zu unterlassen, so stehen wir nicht an, der neuen österreichischen Strafproceßordnung in einer ganzen Reihe sehr wesentlicher Beziehungen durchaus den Vorrang einzuräumen.

Unserer Ansicht nach würde der Entwurf nur unter sehr wesentlichen und **tief greifenden Aenderungen** Gesetz des Deutschen Reiches werden dürfen!

---

[40]) Die Beibehaltung der Berufung in den Uebertretungsfällen halten wir zudem für einen Großstaat wie Preußen für unumgänglich.

Druck von Troitzsch & Ostertag in Berlin, Kommandanten-Str. 44a.

In gleichem Verlage erschien:

Strafgesetzbuch
für
das Deutsche Reich.

Mit Commentar

von

Hans Rüdorff,

Obergerichtsrath (jetzt Geheimer Finanzrath zu Berlin).

1871. gr. 8. Preis 2 Thaler.

Kritiken
strafrechtlicher Entscheidungen
des
Preußischen Obertribunals.

Von

Dr. Rich. John,

ord. Prof. u. Oberappellationsgerichtsrath zu Lübeck.

1866. gr. 8. $1^1/_2$ Thaler.

Uebersicht des Inhalts:

Dr. Otto Dambach, Geh. Ober-Postrath. **Beiträge zu der Lehre von der Criminal-Verjährung.** 1860. 22½ Sgr.

— **Die Strafbarkeit des Vorsatzes und der Fahrlässigkeit beim Vergehen des Nachdrucks** nach Preußischem Rechte. 1864. 5 Sgr.

Dr. W. Endemann, ord. Professor und Ober-Appellationsgerichtsrath zu Jena. **Die Rechtshülfe im Norddeutschen Bunde.** Erläuterungen des Bundes- (jetzt Reichs-) Gesetzes vom 21. Juni 1869. 20 Sgr.

[I. Die Rechtshülfe in bürgerlichen Rechtsstreitigkeiten. II. Von der Rechtshülfe in Strafsachen.]

C. Hahn, Obertribunals-Rath. **Die preußische Gesetzgebung über das mündliche und öffentliche Verfahren in Untersuchungssachen und über die Geschworenengerichte.** Ergänzt und Erläutert durch Ministerial-Verfügungen und Entscheidungen des Königl. Ober-Tribunals. 1857. 1 Thlr. 7½ Sgr.

Dr. Fr. v. Holtzendorff, Professor der Rechte zu Berlin. **Die Reform der Staatsanwaltschaft in Preußen.** 1864. 9 Sgr.

— **Die Umgestaltung der Staatsanwaltschaft vom Standpunkte unabhängiger Strafjustiz** und der Entwurf einer Strafprozeß-Ordnung für Preußen. 1865. 12 Sgr.

Meves, Staatsanwalt. **Das Gewerbe im Umherziehen** nach der Bundes- und Preuß. Landesgesetzgebung bearbeitet 1872. 28 Sgr.

[Kap. 1. Was zum Gewerbebetriebe im Umherziehen gehört. 2. Ertheilung und Form der Legitimations- und Gewerbescheine. 3. Ueber die persönlichen Erfordernisse. 4. Ueber die Nebenpersonen. 5. Von den zum Gewerbebetriebe geeigneten Waaren. 6. Von den Dienstleistungen und Schaustellungen. 7. Von den Verhaltungsmaßregeln bei der Ausübung des Gewerbes. 8. Von den Strafbestimmungen (Verletzung der Steuergesetze, der gewerbepolizeilichen Vorschriften; Umwandlung der Geld- in Freiheitsstrafen). 9. Von dem Verfahren (bei Uebertretungen 2c. Benachrichtigung über ergangene Erkenntnisse. Verjährung. Denunziantenantheil). 10. Uebergangsbestimmungen. Sachregister.

Dr. A. S. Schultze, Kreisrichter. **Die Verleitung zum falschen Eide** als selbständiges Verbrechen. 1870. 5 Sgr.

J. D. H. Temme. Lehrbuch des Preußischen Strafrechts. 1853. 4 Thlr. 20 Sgr.

Schriften über den Entwurf einer (Norddeutschen) Deutschen Civilproceß-Ordnung.

Dr. v. Bar, Professor in Breslau. **Gutachten** über den Entwurf. 1870. 8 Sgr.

v. Mittelstaedt, Justizrath in Neuwied. **Beurtheilung** einiger Abschnitte des Entwurfs. 1870. I. u. II. Heft. Zusammen 20 Sgr.

Dr. Silberschlag. Die Deutsche Civilprozeßordnung. Betrachtet mit Rücksicht auf den amtlichen Entwurf und auf die Baiersche Prozeßordnung in bürgerlichen Rechtsstreitigkeiten. 1871. 6 Sgr.

Verhandlungen des Preußischen Anwaltsvereins über den Entwurf. 1870. 12 Sgr.

Verlag von J. Guttentag (D. Collin) in Berlin.

FSC
www.fsc.org
MIX
Papier | Fördert gute Waldnutzung
FSC® C083411

Kolibri 360 GmbH
Ferdinand-Jühlke-Straße 7
99095 Erfurt, Deutschland
produktsicherheit@kolibri360.de